低风险，高回报

[荷] 平·范·弗利特（Pim van Vliet）
杨·德·科宁（Jan de Koning）◎著　夏春◎译

HIGH RETURNS FROM LOW RISK

A Remarkable Stock Market Paradox

中信出版集团 · 北京

图书在版编目（CIP）数据

低风险，高回报 /（荷）平·范·弗利特，（荷）杨·德·科宁著；夏春译. -- 北京：中信出版社，2018.8（2025.12重印）
ISBN 978-7-5086-9260-9

Ⅰ.①低… Ⅱ.①平… ②杨… ③夏… Ⅲ.①股票投资－基本知识 Ⅳ.① F830.91

中国版本图书馆 CIP 数据核字（2018）第 161880 号

低风险，高回报

著　　者：[荷] 平·范·弗利特　[荷] 杨·德·科宁
译　　者：夏　春
出版发行：中信出版集团股份有限公司
（北京市朝阳区东三环北路27号嘉铭中心　邮编　100020）
承 印 者：北京通州皇家印刷厂

开　　本：787mm×1092mm　1/16　　印　　张：13.5　　字　　数：145 千字
版　　次：2018 年 8 月第 1 版　　印　　次：2025 年12月第12次印刷
书　　号：ISBN 978–7–5086–9260–9
定　　价：49.00 元

我的祖国是世界上最富有且幸福度最高的国家之一。但是，作为荷兰人的一大劣势就是我们的名字很难发音，我的名字发音听上去像“范 · 弗利特”。 而作为荷兰人的一大优势是我们的国家国际贸易发展不错，所以我们能说多种语言并且能理解各种各样的文化。 我希望这本书能够得益于荷兰的传统文化并且能启发全球各地的投资者。

前　言

这本书将要讲述发生在股票市场的故事，将要挑战你们对投资的看法。 这是一个我多年前偶然发现的观点，它是一个不解之谜，却迄今仍然让我感到诧异；这也是一个许多经济学家不愿面对的真相，因为它完全颠覆了学者们的经济模型。 为他人管理资产的专业投资者会认为这个理论是痴心妄想，而很多个人投资者则会为这个理论笑逐颜开。 但最重要的是，它还是一个将让你们成为更好的投资者的故事，它会告诉你们怎样将一个科学的发现转变为直观的回报。 这是现代股票市场中《龟兔赛跑》的故事：一个低风险股票能够战胜高风险股票的精彩故事。

我的目的是为你们解释这个股票市场的悖论，正如我向我父亲做的那样。 我父亲是一位有着股票市场投资经验的退休商人。 虽然他不是金融专家，但他是一个睿智而充满创业精神的人，正是他教育我要有审慎、耐心、坚持不懈等宝贵的品质。 而在过去的岁月里，我认识到这些品质和成功的投资有着重要的关系。 通过借鉴他的观点，我会用易于理解的方式为大家解释这一悖论。 如果我的父亲能够理解这个故事，那么相信你们也能明白。

我的妻子是一名外科医生，她所在的医学领域经历了一场“基于实证”的方法论改革。她的处方里所开的每一粒药，都经过了大量的检测和验证。你们一定也会觉得这很合理，因为它直接影响着我们的身体健康。但是，当问题涉及我们的财务健康，我们却未必那么高明。当一些人得到了可观的投资回报，往往很难说清楚这到底该归功于运气还是能力。投资者也经常在缺乏数据支持的情况下，轻易下结论。幸运的是，情况正在好转。基于验证的投资（应用经过充分测试的投资理论来构建资产组合）变得越来越流行。在这本书中，我会采用这一科学的方法来进行股票投资，并向大家展示其不同凡响的投资结果，而且这一方法的有效性可以追溯到 1929 年。

但这本书写的不全是科学理论和广为应用的智慧。事实上，当初本书的作者只是一个焦躁而且过度自信的少年，想在股市上试试运气。书里写的是一个年轻学者偶然发现了一个巨大但令人迷惑的投资悖论的故事。后来，作为一个雄心勃勃的投资经理，他把这个学术理论转变为一个上百亿美元的投资策略。其间的每一步，都让他更加理解投资者为什么不愿意投资低风险股票，而这样的行为正好可以解释悖论存在的原因。

在当今世界，要满足人们自己的养老需求，政府可以给予的援助越来越少，解决之道是人们自己得进行投资。因此，我父亲管理着他自己的养老资产组合，而我则为我孩子的未来进行投资。我希望这个关于风险的精彩故事也能鼓励你们为自己甚至他人开启投资行程。

这也是为什么在对这一课题撰写大量研究报告后，我相信是时候为更广大的投资“听众”，包括我的父亲和你们大家，讲述这个故事了。 所以，我写了这本关于股市悖论的书，并希望它是明晰易懂的。 基于我作为学者和基金经理的经历，我将复杂的学术理论转变成了一个简单的、为大家所用的投资策略。 这是我过去在 10 多个国家为几千名投资者讲过的故事，这也是我的经历，包括了很多我个人的小趣事，希望它读起来会有趣。 哦，对了，如果你们看完本书，变成了一个截然不同的投资者，千万别惊讶，只管微笑并享受这一神奇的经历吧！

平·范·弗利特（Pim van Vliet）博士

荷兰　鹿特丹

我与“低波动率之谜”的一些缘分

作为《低风险，高回报》一书的译者，我和书里描述的股市“低波动率之谜”的缘分又深了一层。利用这个机会，我来说说这段缘分是如何开始的，相信可以让读者加深对本书的兴趣。

2003 年我在明尼苏达大学（University of Minnesota）攻读经济学博士学位的时候，我发现两位大学时的同班同学邢宇航和张晓燕成了金融博士就业市场的明星，她们与两位导师合著的文章描述了一个被重新发现的股市异常现象：最低波动率/风险的股票的回报其实比最高波动率/风险的股票要高。在学术市场成为明星的难度丝毫不亚于在娱乐界，为什么这个发现如此重要，为什么说是“被重新发现”呢？

早在 20 世纪 60 年代，金融学就建立起一个叫资本资产定价模型（CAPM）的重要理论：股票的回报主要由其风险来决定，要想获得高回报，就必须承担高风险，而股票的风险在当时有几个测量指标，其中一个就是波动率。这样的结论显然非常符合直觉，不过这个理论是建立在一些简单至极甚至不合理的基础之上，而金融市场无比复杂，理论是否真能解释现实的数据？ 在 20 世纪 70 年代初期，学者第一次利用金融大数据对理论进行检验时发现，这个理论基本是对的，但有一点点儿例外，就是低（高）风险股票的回报要比理论预测的高（低）一点儿。 为了让理论更加完美，当时的学者想的是如何去修改原来理论的个别不合理假定，从而发展出新的理论，或者是采取新的统计方法去衡量风险和波动率。

到了 1975 年，一位叫作罗伯特·豪根（Robert Haugen）的金融学教授发现最低波动率/风险的股票的回报竟然要比最高波动率/风险的股票还要高。 豪根教授后来还发现，这个现象不仅在美国股市存在，而且在其他 20 个国家的股市都存在，如图 0.1 所示。 虽然豪根教授为此不断呼吁重新看待资本资产定价模型，并称他发现的“低波动率之谜”为金融研究最大的难题，但因为这个发现明显地违反了几乎所有人的直觉，当时的学者选择了对这一异常现象进行忽视。

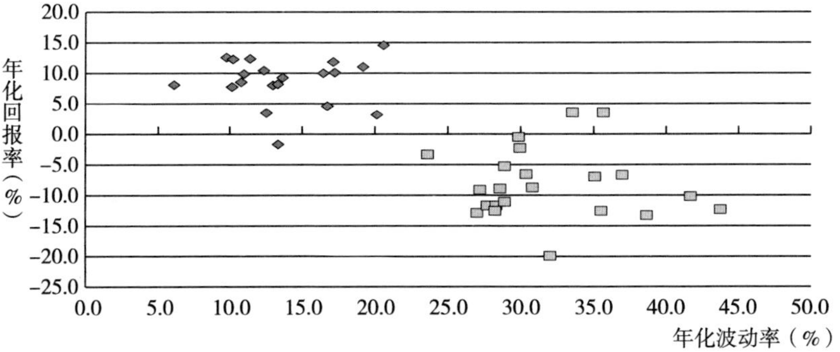

图 0.1　21 个国家股票组合的年化回报率和年化波动率（1990—2011 年）

注：①21 个国家的全部股票按波动率从低到高分成 10 个股票组合。

②菱形代表各国股票最低波动率的股票组合，正方形代表各国股票最高波动率的股票组合。

资料来源：SSRN（社会科学研究网络）。

有趣的是，就在资本资产定价模型理论的创建者获得 1990 年诺贝尔经济学奖时，学者们已经发现了更多的违反这一理论预测的异常现象。例如，前面提到的 20 世纪 70 年代初期学者发现，20 年来更多数据出现后它已经不再有效，以至于传统金融学家为此备受困扰，而一门新的学科“行为金融学”由此而诞生。这门学科指出资本资产定价模型最根本的一个假设“投资者是聪明的”未必恰当，建立在心理学基础上的行为金融学认为投资者经常性地犯一些错误，就可能大致股票的价格和回报出现错误，以至于高风险的股票回报低于低风险的股票。

邢宇航和张晓燕利用更新的数据和学术界新发展出来的被广泛接受的统计方法，对于风险和波动率的各种定义都进行了测试，重新验证了豪根教授的发现，这一异常现象不仅在美国股市存在，也在许多国家的股市出现了。由于这个“波动率之谜”要比后来发现的新的异常现象更加让人难以理解，她们的文章“洛阳纸贵”，人人争相阅读和研究引用。如果我们把学院派经济学家的影响力列出一个“琅琊榜”，那么在最新的华人经济学家榜单里，她们两人分列第 9 和第 15 名。如果再细分华人女经济学家，她们则分列第 2 和第 3 名。由此，即使是普通的读者也能理解“低波动率之谜”的重要性了。

从那个时候开始我就一直关注学术界对于“低波动率之谜”的深入剖析，发现行为金融学给出的解释更加合理。例如，行为金融学里有一个重要的“彩票偏好理论”，提出投资者倾向于高估小概率事件，彩票的中奖率极低，但乐此不疲的彩民人数众多。同样，高波动率的股票的回报表现类似彩票，虽然大多数时候回报低甚至亏损，但依然有小概率赚大钱的可能，这样就会吸引高估小概率事件的散户参与。而专业投资者也常常抵挡不了彩票型股票的诱惑，因为只要他们能通过购买高波动率的股票中一次大奖，他们就会成为股票市场的明星，吸引大量资金流入，这样可以大赚一笔。

与此同时，行为金融学里另外一个重要的“过度自信和乐观理论”指出散户和专业投资者都高估自己买入高波动率股票赚大钱的能力，同时，股票分析师也对高波动率的股票过度乐观，常常做出盈利高增长的预测。这些行为综合到一起，结果就是大量投资者买入高波动率的股票，推高它们的价格，而代价就是它们的回报会低于低波动率的股票。虽然传统金融学家提出的一些其他解释和上面提到的理论都被收入本书（第 5 ~ 7 章和第 13 章）里，但最近的研究发现，“彩票偏好理论”的解释力要远高于其他的解释。

我在 2008 年加入香港大学金融系，连续 7 年教授“投资学”、“行为金融学”、“基金管理和另类投资”这些课程时，都向学生推荐了几个很简单的投资策略，比如买入与美国股市指数挂钩的基金并且长期持有；运用研究新发现的最低波动率策略，也就是买入最低波动率的股票组成的基金，或者运用其他一些“异常现象”对应的策略，比如买入短期内表现好的股票、买入质量高的股票。如果自己操作则需要按照一定的规则定期调仓，如果买入这些策略对应的基金则只需要长期持有（调仓的工作由基金经理进行）。我向学生强调这些策略的长期表现要优于挑选个股和择时交易的传统投资模式。图 0. 2 是 2000 年 1 月至 2016 年 7 月这几个策略的表现，相信大家会十分惊讶表现最好的是最低波动率策略。

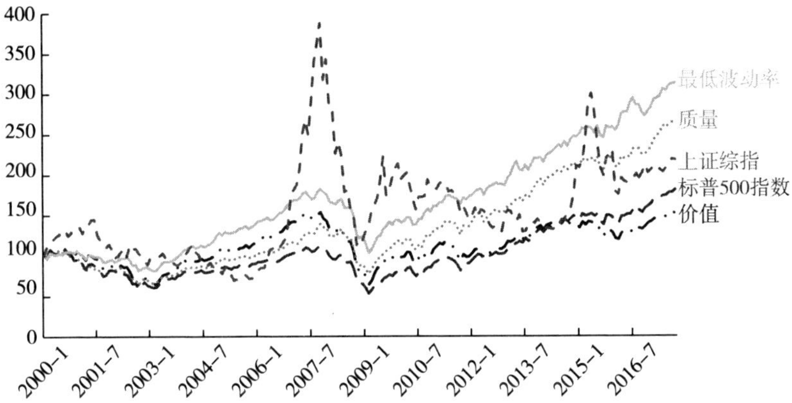

图 0.2　100 元投资于 MSCI 不同策略，标普 500 指数和上证综指的表现

资料来源：彭博资讯（Bloomberg）。

而让大家意外的是价值投资在图 0.2 给出的时间段里表现最差［质量策略排名第二，我写过一篇文章讲巴菲特（Buffett）实际上是质量投资者，而不是价值投资者］，以及中国上证综指虽然波动最大，但表现也好于同期的美国股市。至于为什么在这样一个完整的经济周期下最低波动率的股票的表现最好，读者们只要翻到本书第 14 章就会找到答案。

在 2009 年以来的美国股市持续至今长达 102 个月的牛市里，最低波动率策略的回报虽然略低于标普 500 指数（Standard & Poor's 500 Index）和质量策略，但最低波动率策略所取得的回报伴随着比其他策略更低的风险。以回报与风险之比，也就是投资者常说的夏普比例（Sharpe Ratio）来衡量，最低波动率策略的表现反而优于标普 500 指数和质量策略。

我和"波动率之谜"的第二次缘分是我离开香港大学加入在香港发展迅速的诺亚控股集团之时。诺亚既是中国最早成立的也是最大的独立财富管理公司，2010 年它在美国纽交所上市。我加入海外研究部的时候，向公司同事做了一场题为《从因子投资到智能贝塔策略》的演讲。前面提到的“最低波动率”、“质量”和“价值”就是所谓的因子，而智能贝塔可以简单地理解为将单一的因子投资策略进一步优化和组合的过程（贝塔其实就是每个因子对应的风险）。实际上，源于学术研究发现的因子策略，基本都已经被资产管理行业采纳形成不同类型的基金，这样可以方便全球的投资者直接利用学术发现，获得优于传统按行业按公司进行个股挑选和择时获得的回报。很少有人知道的是，在倡导智能贝塔投资上影响力最大的几个人当中，其中一位是许仲翔博士，他从金融系博士毕业后直接把所学的策略引入华尔街，先后创立了助理研究员（Research Affiliate）和锐联财智（Rayliant Global Advisors）公司，大获成功。而另一位华人则是邢宇航和张晓燕读博士学位时的导师安德鲁·洪（Andrew Ang）教授，他现在是全球最大资产管理公司贝莱德（BlackRock）的全球股票策略主管。我之所以选择这个题目，是希望可以把海外已经普遍的新的投资策略和方法尽快介绍给国内的投资者。

我加入诺亚不久就接触了来自荷兰的荷宝资产管理公司（Robeco Asset Management），在把学术研究转化为基金策略领域上，荷宝在全球拥有领先的地位和极佳的声望。特别要指出的是，单纯的学术研究往往只在乎发现新的“异常现象”，但对于基金运行中面对的诸多实际问题（例如应对投资者的申购和赎回产生的流动性问题，基金规则被其他投资者掌握后的抢跑行为等等）则关注不够。荷宝在处理这些问题时，对学术研究产生的因子投资和智能贝塔策略都进行了更好的优化处理，既对学术研究产生贡献，也为投资者带来更好的服务和业绩回报。实际上，在帮助我加深对投资策略的理解上，荷宝的功劳最大。在此，我向读者强烈推荐本书的第10章，读后就能够理解智能贝塔的含义。

巧的是，就在加入诺亚一年后，我发现当年全球因子投资策略中，获得最多资金流入的恰恰是最低波动率策略。这让我意识到，我必须尽快把这些流行于大学的金融学术研究，以及国际资产管理公司的策略，即国内甚至还没有听说过的策略介绍给投资者。当时我已经在英国《金融时报》（*Financial Times*）中文网开设了一个专栏《量化投资趣谈》，目的是把这些基于严肃研究的复杂策略，以尽可能通俗易懂的方法介绍给投资者。在最低波动率策略上，我的第一篇文章的标题是《低风险股票回报更低还是更高？》，对于文章给出的答案，读者感到十分惊讶，这篇文章的传播率很高。今年年初，总是在第一时间把荷宝的研究分享给我的王珏女士给了我一本刚刚出版，在亚马逊（Amazon）上受到读者高度评价的英文书《低风险，高回报》，作者是在荷宝主管最低波动率策略的基金经理平·范·弗利特（Pim van Vliet）博士和他的助手杨·德·科宁（Jan de Koning）。我发现这本书比我的文章更加风趣幽默，于是我又写了第二篇文章《量化策略里的龟兔赛跑哲学》。这时，荷宝的中国首席代表陆敏先生邀请我将此书翻译成中文，我感到十分荣幸，欣然答应。

以上就是我和“低波动率之谜”的结缘过程。实际上，这本书一开始讲的也是平如何与“低波动率之谜”结缘的。读者们只要翻开本书，就很快可以领略到学术研究之美和资产管理行业鲜为人知的有趣之处（第6和第17章）。本书每1章都给了我新的收获，如果要我挑选，我会特别向读者推荐3章内容。第一个是第11章，平告诉大家基于最低波动率的优化智能贝塔策略，虽然听上去十分高深，其实每个投资者都可以在家里自己完成。就我所知，其他类似的书都期望给读者留下神秘的，必须求助于专业投资机构的印象，而平则希望以透明来获得读者的信任。第二个是第16章，它讲到“低波动率之谜”

不仅存在于股票市场，而且几乎存在于其他每一种资产类别中，如债券、期权、商品、私募股权等市场中，甚至存在于很多部好莱坞的电影情节里。也就是说，符合直觉的高风险高回报在跨资产类别比较时有效，但在同一资产类别里，往往是低风险高回报。第三个是第19章，这是平特别为中国读者撰写的全新的一章，告诉大家“低波动率之谜”在中国股市同样存在，而且最低波动率的股票相比最高波动率的股票的回报差别比美国股市更大！由于中国散户多，换手率高，如果大家还记得我前面提到的“彩票偏好理论”和“过度自信和乐观理论”，对这个结果应该就不那么意外了。

在本书的翻译过程中，我要感谢我的两位助手杨轶婷和郑嘉创提供的帮助，感谢中信出版社的相关编辑对第一版中文译稿做出的文字修改。我特别要感谢的是荷宝公司的周维礼女士，她不仅为本书第19章的写作提供了扎实的数据分析，还帮助我修改了本书第二版中文译稿，让文字变得更加流畅优雅，还修改了我对于书中一些引语的解读。让我惊讶的是，久居荷兰的她的中文造诣远远好过我，不过也不奇怪，她当年可是中央电视台的著名财经记者！我感谢邢宇航教授和许仲翔博士为本书所做的推荐。我还要感谢陆敏先生和王珏女士的邀请，让我参与这个非常有意义的翻译过程。知识普及是我的兴趣所在，这也是我离开大学加入诺亚的重要原因。我在喜马拉雅FM开设的“夏春博士的投资必修课：行为金融学”100期课程的主要目的也是知识普及，意在帮助投资者避开行为偏差，同时掌握前沿的投资策略，取得更好的投资回报。

夏　春

2017年10月6日

目 录

低风险，高回报

| 第 1 章 |

过犹不及

我们中的大多数人从小就被教导，要想成功，必须付出努力。不管是中学考试、踢足球赛，还是减肥，我们都要努力才能达到目标。“一分耕耘一分收获”，这句老话是不变的真理。

但是究竟要付出多少努力呢？很多人相信努力的程度和成功的概率是成正比的。你们越努力，就越可能成功，但这是真的吗？

不，实际上有一种边际报酬递减的定律，让我们来看看这一定律在体育运动中的表现。如果一个人想成为专业的足球运动员或者马拉松选手，一定要经过专业的训练，每周都要频繁地练球或者跑步来锻炼肌肉的强度。但通常，最初的 100 小时的训练会比接下来的 100 小时有效得多。也许你们认识到了这个问题，这也解释了为什么学习新事物往往会比较有趣。学习曲线在初始阶段通常是非常陡峭的，但渐渐就会趋于平稳，这就是边际报酬递减在现实生活中的例子。

而且，一旦你们付出了一定程度的努力，任何附加的努力反而可能导致与你们追求的目标相反的结果。比如，如果你们训练过度而没有适度休息，就有可能造成损伤。一个想要跑完全程的马拉松选手一旦受伤，可能在一开始就没有办法出现在赛场上。这正应了8个字：适得其反，过犹不及。

类似的例子很多。炒菜时，一点儿盐有助于调味，太多则会毁了一道菜。维生素有助于身体健康，但过多摄入则会危害身体。我给那些急于脱单的男女们一条建议：对于喜欢的人应该主动迈出第一步，但千万别死缠烂打，不然可能会把人吓跑！有关减肥，一些人想稍微减几斤肉是可以的，但过度节食引起厌食症可就不好了。另外，一些学生考试前“临时抱佛脚”，结果考试时却萎靡不振，也是一个很好的例子。[①] 考试前一天睡一个好觉，养足精神，可比通宵学习有用得多。总而言之，事情做得过头，反而会产生反效果。

生活中，我们需要在过多和过少的两极间找到一个平衡，而寻找“黄金分割”是一门实践的学问。古希腊哲学家亚里士多德（Aristotle），为这一理论写了大量著作。黄金分割，是在充分和不足两极之间适度的中间值，但它不是绝对的中位数，需要我们根据不同的情况进行调整。因此，我们需要通过实践来发现和掌握它。中国哲学家孔子也有类似的“中庸”学说，而类似“黄金分割”的理念在佛教、犹太教、基督教和伊斯兰教中都出现过。

所以，我说到黄金分割，提到这些古代的哲学家，关注适得其反的问题，是想让你们对“悖论”这一概念更熟悉一些。悖论是表面上显然成立而实际上存在矛盾的任何事物。有可能你们在生活中已经听过这个词，日常交流中我们通常用它来表达对那些不寻常或

---

① 我在美国、瑞典和荷兰的大学都见过学生们这种适得其反的行为。

者意料之外的事情的惊讶或怀疑。悖论在投资世界中也存在。事实上，在学生时期我偶然发现了可能是投资领域的最大悖论：低风险股票有更高的回报而高风险股票反而只能提供较低的回报。这绝对是一个令人惊讶而且不同寻常的发现。

我先解释一下为什么说这是一个不同寻常的发现。想想这个普遍的“投资锦囊”：你们承担越大的风险，你们的回报也会越高。绝大多数的股票投资者，不管是专业的基金经理，比如投资顾问和对冲基金经理，还是“亲自上阵”的个人投资者，都相信这个风险越大、回报越高的说法，但这是真的吗？

很多投资者在投资的时候都有“上天揽月”的心态，希望能找到下一个苹果（Apple）、谷歌（Google）、特斯拉（Tesla）。投资这类令人兴奋的股票实际上风险很大，因为如果你们挑了潜在“超级股”后，其表现得并非那么“超级”，甚至发行企业最终破产的话，你们可能连本金都会损失。

但如果你们真的成功找到了下一家谷歌或者特斯拉，股价翻了 4 倍大赚了一笔呢？是的，那你们肯定像中了头等奖那样一路笑到银行，这回你们可真是“抓到月亮”了。要买到那些没这么让人兴奋的股票会怎么样呢？许多投资者都觉得，沉闷无聊的股票不会让他们获得超额的回报。毕竟，低风险不就等于低回报吗？你们认识谁通过投资变化缓慢的低风险股票而迅速变得富有吗？

如果我告诉你们，低风险股票能让你们变富而高风险股票则会让你们变穷，我完全理解你们的第一反应会是：“这哥们儿有这种想法是不是吸大麻了？”我也不能怪你们这么说，毕竟我生在荷兰长在荷兰（吸大麻在荷兰是合法的），现在也还生活在这里。我的这种说法，违反了人们对投资的直觉：高风险意味着高回报。如果你们买了一本关于投资的书，而其第一章的内容就与广为人知的投资前提相反，相信你们也会质疑作者的可信度。

说实话，我第一次读到这个投资学悖论的时候也很迷惑。当时我还是一个大学本科生，碰巧读到一篇学术文章，是讲风险—回报悖论的。这之后，读博期间，我又花了大量时间重新阅读和消化这篇刊登在20世纪70年代早期的学术论文。而这么做的结果就是，我找到了更多的数据对低风险股票确实能够战胜高风险股票进行验证。在接下来的几章中，我将为大家展示我是怎么做的。在我拿到博士学位之后，我觉得是时候把这一经验证的理论应用到实践中去了。基于这一悖论的投资策略，到底能不能也在现实世界中生效呢？

它成功了！学生生涯结束后，我加入了一家国际投资管理公司——荷宝（Robeco），这家公司主要为机构投资者（比如保险公司、捐赠基金公司和养老基金公司）和私人投资者管理资产。它是一家严谨的投资公司，旗下有许多聪明的研究人员，从20世纪20年代起就秉持注重研究的传统。虽然我从没想过要成立一只新基金，但在2006年，也就是我加入荷宝两年之后，我创建了一只低波幅股票基金。

令我惊讶的是，在我加入荷宝的最初几个月，我发现在投资行业，人们对风险这一概念有很大的误读。我在学校研究多年的投资风险问题，在业内，其定义并不是绝对的资金损失，而是投资回报表现得比参照指数差。我认识到这样的看法是不正确的，但这种业内看法也帮助解释了为什么投资悖论会存在。同时，我也意识到我们应该为此做点儿什么，比如帮助我们现有和潜在的客户认识这种对风险的理解是错误的。当然，我们也向他们解释了如何从中获利。我们成功说服了许多投资者，而这只当初的小基金也成长为一只服务于全球投资者，掌管 150 亿美元的大基金。

你们也许会想我为什么决定要把这个投资悖论分享出来，毕竟我完全可以专注于管理自己的基金，然后在闲暇时间打打高尔夫球。第一，我想要接触那些并非金融专家的投资者。我为一些学术期刊写过许多文章，知道阅读学术论文并不是很多投资者在业余时间会做的事。写这样一本易读的书才能让我有机会向更广大“听众”阐述一些伟大的学术成果。第二，我很享受化繁为简地向别人解释问题。想要简单地说明一个问题很难，把问题复杂化反而更容易。第三，我喜欢把先人的智慧、传统的哲理和现在世界的投资联系在一起。我发现我们学到的为人处世的道德哲学，在投资问题上也一样适用。比起学术文章，书是讲述故事更好的媒介。而我接受这一挑战的最后原因，是这本书能帮我节省很多时间。每当人们问起我的工作和基金经理是干什么的时候，我只要让他们看看这本书就可以了。为了上述这些原因，我决定传播这一理论，向大家证明，想要获得优异的投资回报，你们完全可以只买那些低风险的股票而避开高风险股票。哦，对了，其实我都不玩高尔夫球……

我猜我还是没能说服你们。实际上，如果这会儿你们就已经相信低风险股票能为你们提供高回报的话，我倒要吃惊了。在学习中持怀疑态度，能够帮助我们在任何问题上都学习到更多，而且在挑战传统理论时，我们也需要有质疑的心态。一位英国哲学家波特兰·罗素（Bertrand Russell），曾说过世界上最大的问题，就在于大多数傻瓜和狂热分子对自我总是如此确定，而智者的内心却常充满怀疑。所以，我将在本书中为你们提供大量的证据来证明这一投资悖论的存在。别担心，它很好理解。在下一章，我会先从我在股市中的投资初体验开始，分享故事。

| 第 2 章 |

“精打细算先生”初入股市

我是“精打细算先生”。如果你们问我童年时的伙伴，我是一个怎样的人，他们可能都会这样回答：他成长在一个位于荷兰乡村、信仰基督教的大家庭。没错，我们的花园里种着郁金香，但我们可不穿那种堆满阿姆斯特丹旅游商店的木鞋。除了这些刻板印象之外，我的家庭“非常荷兰”的一面在于精明且乐做生意。我的父亲，是我们镇上一家家族运营电子商店的合伙人。他一直教育我们，首先我们必须努力工作赚钱，然后我们需要小心地管理自己的资产。

相信我，我深刻地学习了这一点……每次当我在家里的商店打下手或者在家附近做点儿小工赚到一点点儿零花钱时，我就无比开心。几乎每天我都会算算我的存款，然后想办法怎么才能把我的小猪存钱罐装满。除了想方设法开源，我还注重节流：我花的钱越少，我存下来的钱就越多，所以我就开始给自己制订省钱计划。我不光尽可能多地存钱，还有耐心，等待奇迹发生，那么这个奇迹到底是什么呢？

小时候我父亲教我的另一节重要的课，是阿尔伯特·爱因斯坦（Albert Einstein）说的世界第八大奇迹。不，我说的并不是他那著名的相对论，而是复利的魔力。这背后的逻辑很简单（不然，我当时那么小也不能理解）：如果你们在银行里存 100 元，每年利率 10%，那么第一年年末你们会得到 10 元的利息。但是，第二年的时候，这 110 元并不会变成 120 元，而是 121 元（10% 的利率作用在 110 元上，第二年是 11 元的利息）。换句话说（借用我童年时的逻辑），复利的魔力会在第二年多给我 1 元钱！对于一个每天只能存几分钱的少年来说，这个世界第八大奇迹简直奇妙至极！

14 岁的时候，有一天我发现一个让我的积蓄更快增多的机会。那还是在 20 世纪 90 年代早期，利率——对比现在的水平还是相当高的，我的小金库以每年高达 6% 的回报率增长。我的父亲告诉我他投了一些钱到一只低风险固定收益类基金，每年能有 8% 的回报。我立马就被说服了，因为这意味着我每往这只基金里投入 100 荷兰盾①，每年就能多拿到 2 荷兰盾。我打碎了我的小猪存钱罐，把我大部分的积蓄都投到了那只基金里。然后，我每天都通过报纸和图文电视②关注着它的价格变动，但这真的太乏味了！基金每日价格几乎不怎么变化，即使真的变了，大概也就是 1 角钱。两年后，它再也没法满足我的胃口了。我不想再等下去，决定把我的钱从这个无聊的债券公募基金里取出来，然后直接投资到一些令人兴奋的、有着巨大上升潜力的公司去。我相信我需要进入股票市场，而不是在债

---

① 荷兰盾是荷兰在 1378—2002 年的货币，后来被欧元取代。

② 图文电视是 20 世纪 70 年代一种在欧洲非常流行的信息广播系统，通过电视机承载。具体可以参考维基百科：https：//en. wikipedia. org/wiki/Electra -（teletext）。

券市场待着。

当地银行的理财顾问理解我的心情，建议我投资混合型基金或者股票基金。但是，有3个原因导致我并不太喜欢这个建议。第一，我想自己挑选股票，因为我觉得自己可能很擅长并且还能够边干边学。第二，我当时并不相信多元化的投资，因为这会限制资产上涨的潜力。第三，对一个青少年来说，直接投资个股的感觉要刺激得多。

我最早投资的公司之一是一家高科技公司，这是一家荷兰的飞机制造商。虽然它的飞机外形非常漂亮，它的股价倒没有飞到天上去。由于飞机的需求有周期性而制造成本又太高，这家公司的经营情况非常窘迫。[①] 这些波折导致该公司的资产负债表不容乐观，股价最终也一路下挫，到达低谷。

这家公司第一次出现在我的视线范围里是在1994年的春天。当时，它是以制造高质量的中型飞机闻名，向全世界各大航空公司出售该机型。1992年，公司出售了一部分业务给德国宇航集团（DASA，欧洲宇航防务集团的前身，空中巴士的生产商）。虽然这家荷兰飞机制造商面临非常严峻的形势，它的德国首席执行官（CEO）却一再向员工和股东表示不用担心当时的不利局面。相反，在一场新闻发布会上，他用他那带有浓烈口音的英文向参会者表示，公司是他的“宝贝”，未来也将得到更多的关注和管理。

而当时的我，面临着这样的选择：直接投资这家荷兰航空公司或者错过这个机会。虽然投资者将要面对的是一个“颠簸的飞行旅

① 这家公司的管理层把高成本的问题归因于德国马克的上涨，因为荷兰盾和德国马克挂钩。

程”：股价每日都会大幅波动，公司的财务情况也陷入困境，但我还是决定投资这家公司，以每股12荷兰盾（约7美元）的价钱购入大量的股票。我相信那个德国首席执行官绝不会抛弃他心爱的“荷兰小宝贝”，我期待这家公司早晚有一天能重新赢利，股价一飞冲天！

我每天都关注着股价的波动情况，浏览报纸上有没有这家公司的新闻，以便了解我窘迫的“小宝贝”到底怎么样了。然而，每天翻阅新闻和查询股价马上就成了一件可怕的事。公司的股价并没有像凤凰涅槃般重新涨回天际，事实上，股价一整年都在垂直下降。等到股价跌落到4荷兰盾的时候，我简直承受不住这种每日的惊吓，于是决定把股票都卖了。两个星期后，这家公司宣布破产，股价暴跌。直到它停止交易之前，该公司的股票持续在每股1荷兰盾的股价上徘徊了两年。你们想知道这家公司的名字吗？它叫Fokker①（福克），对，从名字就能看得出这家公司多差劲了，所以说，名字很重要啊！

尽管在4荷兰盾的时候我就退场了，但我还是目睹了自己的一大笔积蓄就这么消失了。但是，现在回想起来，这个悲伤的故事也许是发生在我身上最棒的一件事。为什么呢？因为它教会了我几个投资者在学校里永远学不到的东西。

我在股市里损失的每一分钱都是物有所值的，这是我为了成为一名优秀的投资者而交的“学费”。因为我是在年轻的时候做了这个错误的投资决定，所以损失有限（尽管对当时的我来说数目不小），但其中的体会却一生受益。我在这段经历中学到了以下东西。

首先，人不要过度自信。理财顾问让我购买公募基金来分散投

① 这个单词在英文里发音类似一个意思不雅的单词。——译者注

资的建议其实是谨慎且聪明的做法。把所有鸡蛋都放到一个篮子里并不明智，就像一位著名的诺贝尔奖获得者多年前就已经证明的那样。[①] 但是，作为一个 10 多岁的孩子，我当时相信我能打败其他投资者（实际上是那些比我经验丰富的）。学术文献早就记录了，个人过分自信的倾向是人类在做决定时最根深蒂固的行为偏差之一。[②]

实际上，人们这种过度自信的倾向又和另一种偏见——乐观偏见有关。根据学术文献，这种偏见的“受害者”更多地倾向于看到生活中光明的那面。我给“受害”加上引号，因为它其实无害，还经常能给我们的生活带来帮助。[③] 成为一个乐观主义者，一般来说可以让你们更开心，对身体健康也有积极的影响。但它会让你们成为一个更好的投资者吗？不。正如我们所看到的，只看到几近破产的飞机生产商光明的那一面让我不用太担心公司的前景，但对我这笔投资而言就没有什么好处了。

那么，是不是说你们就应该像那些对自己的技能并不自信的投资者一样，三天两头地怀疑自己的投资决策呢？不，那也不是一个好办法。要想正确买入一家公司的股票，选择一只公募基金，或者深入股市，你们还是需要对自己的投资技能有起码的信心。缺乏自

---

① 哈里·马科维茨（Harry Markowitz），在 1990 年获得了诺贝尔经济学奖。他所著的关于风险和分散投资的学术论文《证券组合选择》（Portfolio Selection）刊登于 1952 年出版的《金融学期刊》（*Journal of Finance*）上。

② 詹姆士·蒙泰尔（James Montier）所著的几本关于行为金融学的书中，提到了所有和投资偏差有关的因素，包括过度自信。其中一本优秀又易读的书是《行为投资学小册子》（*Little Book of Behavioral Investing*）。

③ 丹尼尔·卡内曼（Daniel Kahneman）教授，是一位在 2002 年获得诺贝尔经济学奖的心理学家。他曾经提到过在所有偏见中，乐观偏见通常是一种向好的力量，能让人保持健康和更好地调节情绪。

信会击垮你们，而过度自信也很危险，在两者之间取得平衡才是你们所需要的，既不能太多，也不能太少。

其次，复利的力量通常是件好事，但它也是把双刃剑。试想一下：如果你们今天在一笔交易上损失了资金的50%，你们需要使你们剩下的资金翻倍才能保本。我曾经的“宝贝”福克，股价从12荷兰盾掉到4荷兰盾，回报率是-67%，而复利也和我作对，这时候我至少要赚200%才能回本。如果我当时把最后剩下的钱放到一只多元分散化的公募基金里去，恐怕要花很长时间才能把钱挣回来。你们可以想象，当时10多岁的我陷入困境，最初的想法是承担更大的风险来弥补之前的损失。以4荷兰盾的价格把股票卖了是一个痛苦的决定，但是如果在2荷兰盾的股价时被迫平仓，我就需要在之后赚取500%才能达到盈亏平衡点，这绝对是个令人生畏的挑战：你们可能会觉得这种“不亏就是赚”的说法听上去像个悖论，但在股市投资上确实如此。

最后，这是很重要的一点，我亲身体验了高风险并不必然导致高回报。实际上，我混淆了风险和回报这两个概念。股价每天都有令人兴奋的波动，那家企业的财务困境，以及航空业务发展的短暂低迷，对当时的我来说都更像是好的入场机会。

我就这样莫名其妙地被这只股票背后的风险吸引了。到底是为什么呢？我猜是因为我的最初目的是赚点儿钱，其他因素也在其中起了作用。毕竟，如果一切进展顺利，股价回升到30荷兰盾的话（对这只股票来说，并非是高不可攀的水平，在20世纪90年代初期曾经达到过），这会是一件多么了不得的事儿啊：得到200%甚至更高的回报率，这对一个少年来说绝对是个美妙的故事。而且，对我这种好胜的人而言，战胜市场，笑傲其他投资回报，实在是巨大的诱惑。另外，我自欺欺人地认为我并不是在拿自己的钱冒险，因为短期内我也用不到这笔钱。由于投资期限比较长，我就简单地说服了自己，认为不会有什么风险。即使公司接下来几年出现麻烦，我也不用太在意，只要未来在我还持仓的时候它能涨回来就好了。归根到底：难道高回报不意味着要承受高风险吗？这么一想，就不难理解我为什么就这么杀入了这笔 1994 年全荷兰最刺激的交易了。

图 2.1 是福克股票在 1989—1997 年的价格变动，总结了我第一次股票投资经历的股价波动。

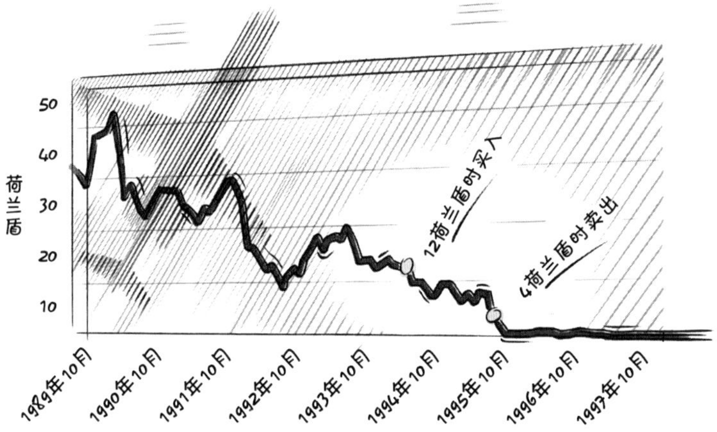

图 2.1 福克股票在 1989—1997 年的价格变动

| 第3章 |

“乌龟”跑赢了“兔子”

我简直太笨了，我就不该抛弃我的低风险固定收益类基金而去买一只叫福克的股票。我本可以有不错的至少每年8%的回报，也许还更稳定些，因为那只基金的日波动率真的很低。而现实是，我的第一次股票投资被证明是一段代价惨重、十分坎坷的经历。

在我投资福克这家飞机制造商的两年时间里，它的股价就像在气流中穿行的飞机一样，颠簸不断。在1994年我搭上福克这班飞机之前，这家公司就以让投资者经历大幅股价波动而出名。正如前面图2.1所示，那段时间的股价每月波动率高达20%都很平常。这里给大家看一个例子，1991年，仅仅几个月该公司的股价就从22荷兰盾涨到了30荷兰盾，而在急升之后，股价又暴跌超过30%，在20荷兰盾之后见底回调，而后继续下跌。这辆过山车就这么一直上上下下，直到公司最后违约——福克就是这样一个高风险股票的经典案例。

但到底什么是高风险股票呢？如果一家公司的未来前景存在较大的不确定性，股票风险就高吗？是的。那么风险就等于不确定性吗？

并非如此。风险是把不确定性数字化并把未来可能发生的各种情况进行量化。埃尔罗伊·迪姆森（Elroy Dimson），一位伦敦商学院的金融教授认为：风险代表在上演的剧情背后，往往可能有无数个脚本。

在投资领域，风险意味着发生部分乃至全部资金损失这类负面情况的可能性。一项投资的波动率就是金融风险一个简单而强有力的指标，因为它以标准化的方式衡量了投资的价格波动，[①] 波动率在时间上存在持续性[②]。换句话说，一只目前表现出低波动率的股票，未来可能也会保持较低的波动率。高波动率的股票亦然。

事后想来，福克的高波动率就是它未来不确定性和风险的很好指标。如果我早知道波动率是破产清算最好的预测指标之一，我 10 多岁的时候绝不会买这只股票。

所有类型的投资和所有类别的资产，如债券、股票和房地产的风险都可以通过回报的波动率来衡量。由于波动率是衡量金融风险的一个标准化指标，你们可以把一只固定收益类基金的波动率（可能较低）和一只混合型基金的波动率（可能较高）进行比较，也可以和一只股票基金的波动率（可能是三者中最高的）进行对比。

你们还可以对同一资产类别下单个投资的风险进行比较。举个

① 不确定性、风险和波动率并不是完全一样的。1921 年，经济学家弗兰克·奈特（Frank Knight）曾在著作中写到风险可以被衡量但不确定可不可以。彼得·伯恩斯坦（Peter Bernstein）在他的畅销书《与天为敌》（*Against the Gods*）中曾对风险做出解释。纳西姆·塔勒布（Nassim Taleb）在这个基础上进一步丰富并引入了“黑天鹅”的概念——会带来极大影响的未预期到的事件。塔勒布对过度依赖数理方法来衡量风险持怀疑态度，比如波动率，并将此联系到金融危机中。他也许是对的：过度依赖统计方法衡量风险，弊大于利。

② 罗伯特·恩格尔（Robert Engle）和克莱夫·格兰杰（Clive Grange）因证明这一现象而获得了 2003 年的诺贝尔经济学奖。

例子，你们可以通过计算美国股票市场交易的每只股票的历史波动率来衡量它们的风险。这听起来可能很复杂而且很费时，但其实所需要的只是一个电子表格程序（比如 Microsoft Excel）和你们想要比较的股票的每日收盘价。电子表格程序会根据历史价格的波动性计算出每只股票的风险。在测量了每只股票的风险之后，你们就可以把它们按风险从低到高进行排序了。

我投资福克的亲身经历只是一个小故事。你们现在可能会想："好吧，你挺倒霉的。可你这不是一竿子打翻一船人吗？你真的可以根据这么一个例子就下结论吗？也许你应该多买几只类似福克这样的股票，然后构建一个分散多样化的投资组合。"在回答这些问题之前，我想要先问你们一个问题：我们怎么知道到底该构建低风险还是高风险股票组合呢？

我来给你们一些建议，基本上你们可以用两种方法来决定自己应该投资哪组股票（低风险或高风险）来获得最佳回报。第一种方法是"自己动手"，自己计算并研究股票市场的大量历史数据。在这些研究的基础上，你们会得到一个描述这些数据关系的基本理论。第二种方法则正好相反，你们可以从一个现存且广为人知的理论着手，用它来决定应该买什么股票。换句话说，就是从理论到实践。

你们可能会想，哪一种方法更好呢？是"实践"方法——自己动手，还是"理论"方法呢？条条大路通罗马，也许两种方法都可以给你们正确的答案。你们或许希望所有的理论方法都在学术上被充分研究和论证过，这样的话，你们自己用数据进行计算（利用电子表格程序），也会得到相同的结论。至少，你们希望如此，是不是？

那么，我们先试试"自己动手"的方法吧。实际上，因为我在工作中已经计算过很多次，而你们可能不愿意花时间在大量的数据整理和分析上，所以我们不妨把这叫作“不如你替我做”方法！这对我来说不成问题，在告诉你们结果之前，先让我告诉你们我是怎么处理这些数据的。

从哪里开始呢？为了得到可靠的结论，我们需要所有数据是可信的。在这里我选用了一个很酷的数据库，它包含了美国股票市场从 1926 年 1 月到 2016 年 12 月每个月的收盘价。也就是说，为了调查我们到底该买低风险股票还是高风险股票，我们可以研究过去 80 多年的数据。可别小瞧了长期历史数据的力量，它让我们有机会检测这两组股票在历史重大事件中是如何表现的，比如：20 世纪 30 年代的历史大萧条、第二次世界大战、50 年代、摇摆的 60 年代，以及之后的多次经济萧条和市场泡沫，如 20 世纪 90 年代的互联网泡沫。

事实上，有一个超过 10 年的数据库能给予我们更大的统计效力：我们所得到的任何结果都不太可能是简单的运气或暂时的作用所促成的，因此在未来不起作用的可能性也很小，这样的观察结果会更具有稳定性。我敢再进一步推断：如果一个投资者声称用不到几十年的数据就发现了一个特别的投资方法或系统性策略，你们就可以质疑其真实性。我并不是说这类研究结果一定是错的，但只要涉及数据库和数据回顾期，“更大的样本和更长的时间”确实更好。

有一个海量的数据库只是第一步，用直观并实际的方法构建低风险和高风险的投资组合更为重要。但是我们应该怎么做呢？让我们从选取股票的数量开始。

简单而言，我决定侧重市值最大的 1 000 家公司，排除那些细价股（指小型上市公司低价交易的股票，比如股价低于 1 美元），只关注任何时点市值最大的 1 000 只股票，我们要保证不在组合中买入过小的、流动性低的股票。举个例子，在我们分析的最后一个月（2016年12月），数据库中“最小”公司的市值也有60亿美元。

这1 000只股票中的每一只，我都计算了它前3年每月的回报波动率。举例而言，“在”1929年1月，我就计算了当时市值最大的1 000只股票从1926年1月到1928年12月这个时间段的历史波动率。“在”1929年元旦这一天，我不仅能通过计算历史波动率来衡量每家公司的风险，还对这些公司的风险进行了排名，刚刚我也这么做了（2017年在我的电脑上）。在我把所有公司排名后，我用你们能想到的最简单的方法构建了两个资产组合：一个包含了风险最低的100只股票（低波动组合），另一个由风险最高的100只股票组成（高波动组合）。

概括来说，我瞄准了美国股票市场中市值最大的1 000只股票，衡量了它们的历史波动率，按风险从低到高进行排列，然后建立了两个组合。那么，下一步是什么呢？

人们构建股票组合通常是为了获得回报，我们的目标完全一样。我“在”1929年新年这一天建立的两个组合也会产生回报，只要我不把股票卖了。而且，我们可以衡量它们的回报，以发现到底哪一个组合表现得更好。但是我们需要频繁地检查组合里的每一只股票是否仍然属于这两个组合，让我再具体解释一下。

我们买这些股票，因为它们刚好是在特定时间点上参与排序的所有1 000只股票中历史波动率最低或最高的。虽然风险在时间上有持续性，一只低波动率的股票还是有可能成为高波动率股票，反之亦然。这也是为什么我选取了100只股票而不是一只股票。有时候这种变化是慢慢发生的，有时候则是瞬间变化，比如某只低波动率股票的公司陷入财务困境，或被指欺诈，等等。因此，你们需要经常调整两个组合来保证它们在任何时点都投在波动率最低或最高的100 只股票上。在我的计算和模拟中，我考虑了这个问题，每个季度都会进行一次调仓。如果一个投资组合中的某只股票不再满足入选的条件，我就会清仓该股并买入新股代替。

想知道这一实验的结果吗？福克只是一个不巧的例子吗？100 只高风险股票有高回报而 100 只低风险股票有低回报吗？让我们敲锣打鼓，迎接结果吧！

图 3. 1 展示了两个组合的走势。假设我们在 1929 年的新年那天给两个组合都投入了 100 美元，并在截至 2017 年元旦那天的 88 年里对组合资本所得回报都进行了再投资。好了，结果显示——等等，让我们再停一下，深呼吸——“胜利”的资产组合是低波动组合！它最后的价值是 482 000 美元，而高波动组合最后的价值只有 21 000 美元。

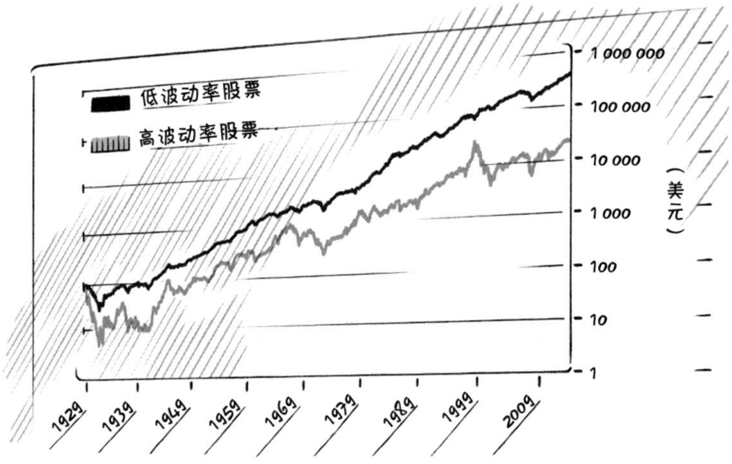

图 3. 1　低波动率股票回报是高波动率股票回报的 22 倍

现在仔细看一下图 3. 1。没关系，大声地说出你们的怀疑吧。

对，我并没有把图标弄反，你们也并不疯狂。在过去88年里，低风险股票的年均回报率是10.2%，而高风险股票只有6.3%。我明白这一结果可能对你们来说非常费解，因为图3.1打击了你们之前所有的认知。正如我经历的，它和你们在金融教材里读到的，在基础金融课程里学到的，甚至与你们在博士论文里常看到的关于风险和回报的关系截然不同。我们总是被告知高风险会给出高回报，但图3.1证明我们在投资中有关风险和回报的普遍观念是错误的。一个典型的悖论，不是吗?

其实，这个现象太令人困惑以至于学术上有一个特别的科学术语：异象。这个词来源于一个法语单词，表达了我们对这个结果的震惊：高风险股票产生了较低的回报，而所有的教科书上的理论都与此正好相反。或许我们应该改变我们的理论?这太让人难以理解了!

每年3.9%的回报率差距（同时还有着更低的波动率）意味着100美元在88年里不只是增长到21 000美元而是482 000美元。低风险股票比高风险股票更能让你们富有，更准确地说，它让你们更富有了至少22倍。我说了吧，复利具有强大的魔力!

低波动组合显然比高波动组合表现得更好，同时还给你们提供了一条走向拥有更多财富的平坦之路，而选择高波动组合则像是搭上了过山车。在20世纪30年代大萧条期间，你们肯定会深深绝望，因为你们最初的100美元会在这场股市崩盘中损失超过90%。而如果你们能够在情感上克制住自己，坚持下来，在接下来的20世纪70年代的熊市中，你们还会面临重大挫折，那时的损失可能累积接近80%。那么在互联网泡沫后的余波中呢?一个不同的时代，但结果也没什么差别：损失超过80%。基于这些数据，高波动组合会使投资者得高血压病，还会使他们独自面对很多个不眠的漫漫长夜……

图 3.1 实际上展示了低波动组合总是能在困难时期战胜高波动组合，因为它损失得更少。一个具有怀疑精神的人——我希望是你们——也许会争论说低波动组合比高波动组合表现得更好也没啥奇怪的，因为双方的竞赛刚好从经济大萧条发生前开始。我同意这一点，毕竟，高波动组合在 1932 年股市见底的时候几乎只值 5 美元，而低波动组合在那时还值 30 美元。但是，并不只是 1929—1932 年的崩盘导致了低波动组合的领先。如果我们从 1932 年春天开始对两个组合投资，低波动组合还是会“胜”过高波动组合一大截。

虽然我们“实践”的成果非常有价值，但在这里有一个问题，对某些人来说甚至是一个不愿面对的真相。这个问题就是，我们的结论在“理论”中是不可能实现的，也是与传统投资智慧相违背的。尽管数据证明了低波动组合表现得比高波动组合更好，大多数人还是相信：高风险股票会比低风险股票产生更高的回报。

买入风险最高的股票并不会带给你们最高的回报，实际上，结果可能刚好相反。第 16 章会为你们展示这个投资悖论其实在每个资产类别都存在，可能让你们更惊讶。但是对于“高风险低回报、低风险高回报”这个违反直觉的结果，我们应该做些什么呢？我们要修改理论，使它符合数据的结果吗？还是我们要改变数据来确认理论成立呢？我们没办法重写历史或修改历史价格的波动，所以我们最好还是修改理论吧。不过，要改变这世上每一个投资者对风险和回报关系根深蒂固的认知是极具挑战的，因为我们需要说服很多人。

也许一个小故事能够帮上忙，很多人听说过《龟兔赛跑》的故事。乌龟爬得缓慢而稳定，兔子跑得快，但一路上时不时地打个小盹儿，最后反而被乌龟超过了，这是我们不曾料到的结果。图 3.2

展示了缓慢而稳定的乌龟跑赢了快速但不稳定的兔子。这古老的故事告诉我们：坚持不懈才能成功，自负自满只会失败。稳定的“乌龟股”战胜了快速的“兔子股”,①，这不正是这个故事在股市的表现吗？听上去相对有理的理论，实际情况更值得我们重视。我们会在这本书里再次提到这个《龟兔赛跑》的故事。

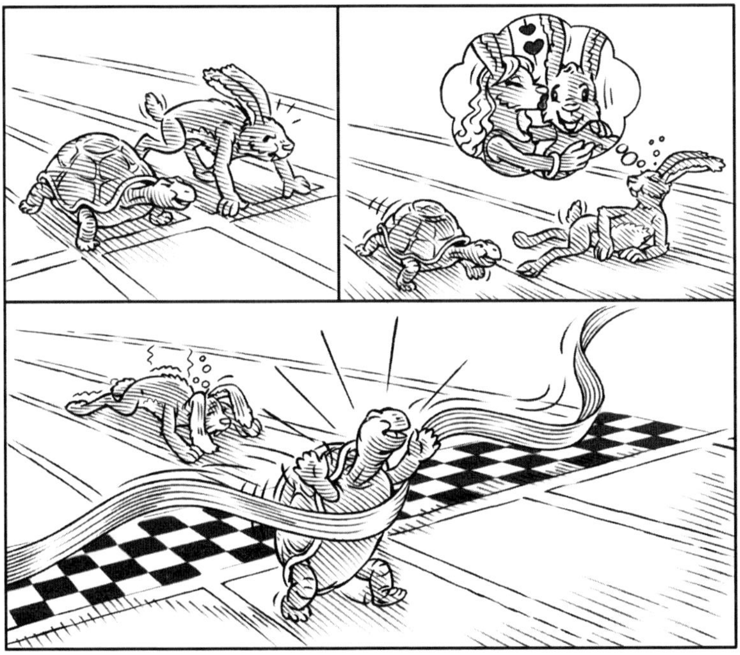

图3.2　乌龟跑赢了兔子

---

① 希腊人也对《乌龟赛跑》进行了哲学思考。在一个故事中，一只乌龟说服阿喀琉斯［（Achilles，荷马史诗《伊利亚特》（*Lliad*）中的英雄］，只要让它领先100米起跑，它就能赢得比赛。乌龟用了一个悖论：最快的赛跑者也没有办法超过最慢的，因为追赶者必须首先抵达被追赶者开始的位置，所以被追赶的一方始终会保持一定的优势，尽管它比较慢。这就是有关无限距离的芝诺悖论（Zeno's Paradox）。

| 第 4 章 |

适可而止

你们刚刚亲眼见证了我们所讲的投资悖论：低风险股票战胜了高风险股票。深度的历史分析证明了低波动组合能给出远高（高了22倍）于高波动组合的回报。哦，别忘了：考虑到“高回报低风险”的事实，这个低风险组合还能让你们在晚上睡好觉。这看起来似乎是好得令人难以置信，不是吗？尤其是它完全违反了众所周知的风险和回报的理论关系。

但这是否就意味着，仅仅基于一张展示了两个组合的图，你们就应该立马清除你们的投资逻辑而用新的“风险—回报观”来替代它呢？最好不要。虽然我确信在读完本书的时候你们对风险和回报将会有完全不同的认识，但在这么做之前最好还是先批判性地评估（“痛击”的一种委婉说法）大量的验证结果。所以，我们再次关注上一章提供的证据。

我们看到两个资产组合有很大差别，在过去88年中的风险和回报都不同。低波动组合的回报率是每年10.2%，而高波动组合为每年6.3%。至此，我们还没有量化每个组合的波动率水平，只是分别把它们归类于低风险或高风险。那么现在我可以告诉你们：低风险组合的年化波动率是13%，而高风险组合的年化波动率则是36%，①后者风险大约是前者的2.5倍。为了更形象地让数字说明问题，我在图4.1中把这些数据点表示了出来。

除了表示两个组合的风险和回报，图4.1还突出了风险和回报之间的真正关系，如图中虚线所示。基于高波动组合的回报率低于低波动组合的事实，我们的结果显示风险和回报之间呈现负相关，“乌龟”战胜了“兔子”！

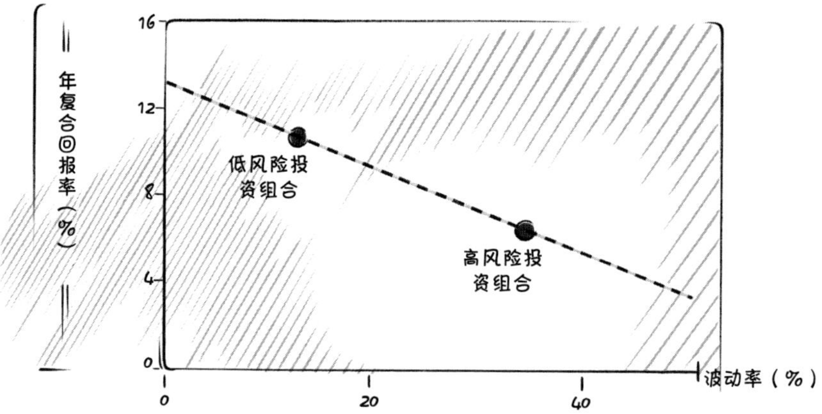

图4.1　高风险投资组合的年复合回报率更低

但是在这里，我们还是要保持怀疑的态度，什么情况下我们能说风险和回报的关系被颠覆了呢？要知道我们只考虑了波动率最高

① 波动率是衡量证券或投资组合回报的分散程度的指标，可以通过计算回报的方差或者标准差得到。回报可以按每天、每周或者每月来衡量。一个有用的经验法则是：通常一只股票的平均年波动率为20%。一只典型的股票在一年中有1/3的机会上涨或下跌超过20%，2/3的机会维持在20%左右的波动区间内。波动率是一个关于风险的较好，但不完美的指标。

和最低的各 100 只股票而已。或许这两个极端投资组合只是这条规则的意外呢？也许风险和回报确实是正相关的，也就是买入波动更大的股票会得到更高的回报，但只是这条规则不适用于风险最大（也就是波动率最高）的 100 只股票而已。

简单想一想：如果高风险投资组合包括很多“福克”式的股票（最终破产的股票），那我们就不应该惊讶于该组合总体的回报被个别极端波动股票的违约而拉低。

为了搞清楚我们的两个组合是否为风险与回报正相关规则的例外情况，我又建立了其他 8 个组合。我把市值最大的 1 000 只股票按波动率排序，分成了 10 组，每组包含 100 只股票。还是像之前那样，每一个投资组合都从 1929 年元旦那天开始投资。

你们想知道结果吗？看图 4.2 你们就明白了。它显示了这 10 个组合各自的风险和回报，图中的曲线展示了风险和回报的实际关系。

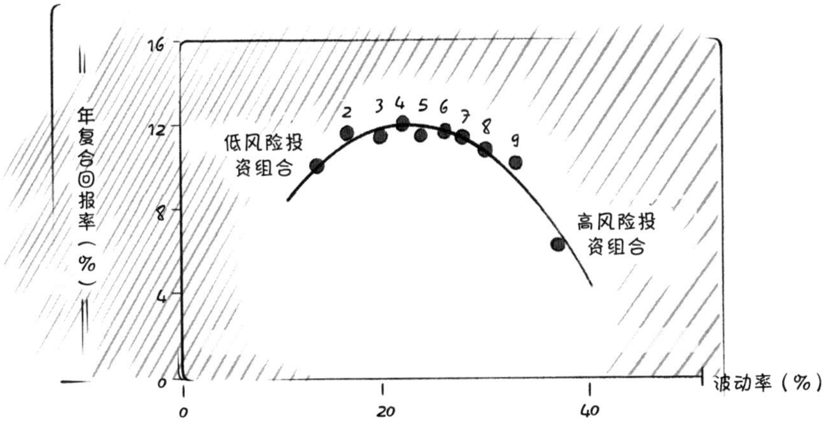

图 4.2　冒一些风险是值得的，但太多风险会导致低回报率

正如你们所看到的，它并非正相关，也不是负相关。曲线先缓慢上升，然后迅速下降。风险、回报之间反转的关系并不仅仅是高风险组合产生平庸的回报。事实上完全不是！大多数高风险组合，比如组合 8 和组合 9，产生的回报比大多数低风险组合低。虽然这两个投资组合让你们面临了更高的波动，但它们并未能为你们提供额外的回报补偿。恰恰相反，实际是：它们的回报更低。风险更高，回报更低，噢，多么痛的领悟！

但还是有一些组合看起来遵循了“高风险高回报”的法则。举个例子，如果你们没有买波动率最低的那 100 只股票，但买了波动率稍微高一些的另一个组合（组合 2），那你们就会得到略高于 11% 的年复合回报率。与之相比，最低风险组合的年复合回报率是 10.2%。而且如果你们愿意承担更多的风险，买了组合 4 的话，你们每年就能赚到 12%。“黄金分割点”在图 4.2 中显而易见：多一点儿风险，可以产生额外的回报，但千万别过火。我之前用盐打过比方，一点儿盐能调味，太多就会毁了一道菜，图 4.3 用漫画的形式生动地说明了这一点，风险亦然。冒点儿风险可以增加你们的平均回报，但过多就适得其反了。

图 4.3 也同样体现了投资悖论的存在，正如我在第一章中曾解释过的，一个悖论表面看是矛盾的，但实际则不然。人们倾向于相信那些直白或者线性的关系，因为这样的形式更符合我们的经验认知，但在这个例子中，我们面对的显然不是一条向上发展的直线。一开始，两者略呈正相关，但接着就趋平并且迅速转为负相关。

低风险股票战胜高风险股票的真相，许多投资者知道后觉得它像是一个悖论，因为他们都相信高风险带来高回报，尤其对专业投资人士而言，因为他们所受的教育与悖论恰恰相反，所以觉得结果

图 4.3　承担股市的风险就像你们给菜撒盐

更难以置信。大多数投资者都上了最好的大学，师从最聪明的教授们，是从金融教材中学到了“风险—回报论”，这不禁让你们怀疑这些经过专业训练的投资者们到底有没有好好看过正确的数据。

| 第 5 章 |

世界第八大奇迹

你们一定在想为什么，是吗？如果10个相对简单的投资组合所做的历史模拟就能展示风险和回报的关系恰恰相反（好听点儿的说法是“不相关”），为什么现代关于“风险和回报是线性正相关”的观点一直没有被其他研究学者和投资者“拆穿”呢？他们难道没有获得这些股价数据的渠道吗？

我承认，也许不是每个人都像我一样有一个这么大的市场数据库，但好的数据库在绝大多数大学都可以轻易获得。那么，有没有可能我用了“错误”的数据得出“错误”的波动率和回报间的关系呢？不，我可以保证我没有。[①]

---

① 2007年，我和大卫·布利茨（David Blitz）在《投资组合管理期刊》（*Journal of Portfolio Management*）上发表了一篇文章《波动率效应：低风险但不是低回报》（*Volatility Effect: Lower Risk without Lower Return*）。在文中，我们按照复制发现和实证研究的严格标准，用通用的学术方法更加细致地分析了这一数据，因此文章我们获得了2008年的卓越引用奖。

我相信是由于其他原因才导致许多研究人员忽视了这一证据。低波动率股票比高波动率股票表现得更好这个事实一直就在这些数据资料里，特别是近几年来数据库的质量有了显著的提升。[①] 但是，这一事实还是被许多研究人员忽视了，因为他们在研究股票回报的时候选择的时间跨度过小。在你们的注意力被分散之前，让我先解释一下。

到目前为止，所有我分享的回报数据都经过了好几年甚至好几十年的验证，这种回报的计算方法被阿尔伯特·爱因斯坦形容为世界第八大奇迹：复利。没错，这个回报数据里包含了“利滚利”的力量。

复利对所有投资者来说都是真实存在的——从大型养老基金到一个想要买高风险飞机制造商股票的少年。如果你们投资了股票或者一个资产组合并长期持有（比如几年），复利就是你们在投资中得到的实际回报。对投资者来说，在现实世界中，这就是真实的回报，是实实在在的钱。

由于复利对所有投资者来说都是一样的，你们也许会期望学术研究者也像你我这样的投资者一样采用相同的数据。你们可能确实是这么想的，但他们可不是，学术界通常关注所谓的“单利”。在大多数的学术研究中，月度的回报数据就足够了，而大家选择以月为单位的投资时长也是有原因的。[②] 但仅仅关注单月回报，只有在假设

---

① 我读博士的导师沃纳·德·邦特（Werner de Bondt），曾把风险回报的研究和婚姻幸福的研究相比较——“研究婚姻幸福的时候，很重要的一点是别忘了把离婚的案例也纳入数据库里”。有趣的是，并非所有退市和破产的公司都被合理地纳入证券价格研究中心（CRSP）数据库中，直到 1990 年这一问题才得到解决。这个现象使早期研究中的高风险股票的表现过于美好。

② 赢得诺贝尔奖的资本资产定价模型（CAPM）是一个非常不错的模型，它假设（系统的）波动率和风险是线性正相关的关系。在检验资本资产定价模型时，几乎所有学者都假设评估期不超过一个月，否则数据的统计效力就不足。

投资期限仅为一个月的时候才合理。

但是有多少投资者只有一个月的投资期呢？大多数情况下，我们都会有一个较长的投资期，长达几个季度、几年，甚至几十年。即使你们自己没有，你们的人寿保险公司、你们的401K计划[①]，或者你们的养老基金的投资经理，这些的投资期限也有那么长。换句话说，单月回报数据可能好用又方便，但通常不够实际。

为了说明这个细小但重要的差别，我在这里给大家举一个简单的例子。假设你们在元旦这天（假设这天非市场休息日）以100美元的价格买了汽车制造公司的股票。第一个月股票损失了50%，第二个月上涨了50%，这时候你们的投资回报是多少呢？

这取决于你们如何计算你们的回报。在这一时间段内，如图5.1所示，股价跌到50美元，然后回到75美元。所以你们最后损失了初始投资的25%。但是如果你们只是对两个月度回报+50%和-50%进行简单计算，得到的回报率为0。所以，你们的回报结果要么是-25%，要么是0。这是复合回报率和简单回报率[②]的对比，区别相当大，对吗？

正如前面的例子一样，这类回报数字上的差别通常很小，但最后的结果可能差距很大。复合回报率计算整个投资期内的资金回报，而简单回报率只反映较短时间段内的回报。

所以，如果我们再回头看这10个投资组合并用一个月的简单回报

① 401K计划是美国的养老保险制度，始于20世纪80年代初，是由雇员、雇主共同缴费建立起来的完全基金式的养老保险制度。美国政府将相关规定明确在国税法（Internal Revenue Code）第401（K）条中，故简称“401K计划”。

② 在中文中，以年为单位的简单回报率和复合回报率常常被称为“年均回报”和“年化回报”。——译者注

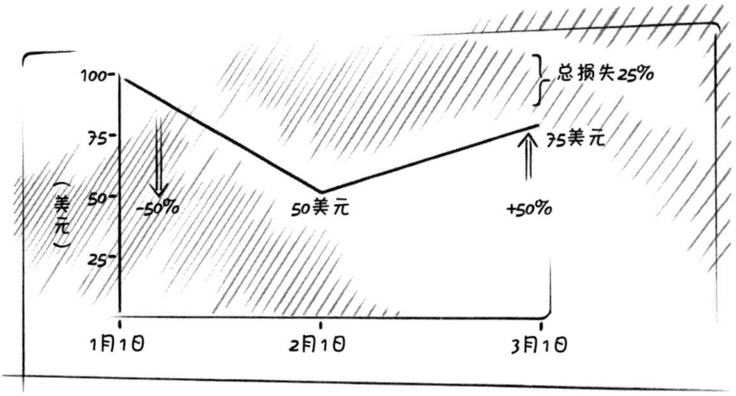

图 5.1　如果你们先亏 50%再赚 50%，你们的总损失是 25%

率替代复合回报率的话，会发生什么呢？这个简单回报率算法的小差别会对投资悖论有什么影响吗？一起来看看表 5.1 中的数据，该表中 10 个投资组合的风险从低（组合 1）到高（组合 10）依次排列。

表 5.1　简单和复合回报率的差别随着风险上升而增加

（单位：%）

	低风险						高风险			
组合	1	2	3	4	5	6	7	8	9	10
回报										
简单回报率	10.6	12.3	12.7	13.6	13.5	14.2	14.3	14.2	14.4	12.3
复合回报率	10.2	11.5	11.4	12.0	11.4	11.6	11.2	10.5	9.9	6.3
差别	0.4	0.8	1.3	1.6	2.1	2.6	3.1	3.7	4.5	6.0

注：这里的复合回报率和图 4.2 中的一致。

如你们所见，当使用简单回报率时，投资悖论就没有那么明显了。高波动率组合 10 的简单回报率达 12.3%，而复合回报率只有一半，即 6.3%，表现平庸。

显然，低风险股票让你们富有而高风险股票让你们贫穷的投资悖论是存在的，即使它潜藏在数据之下，似乎只有那些知道该如何观察数据的人才会留意到。1975 年，一位美国金融学教授罗伯特·豪根（Robert Haugen），发现了这一悖论的存在。他同样也是通过观察低风险和高风险的投资组合的复合回报率得出这一结论的。这里，我想要再一次强调大多数的学术研究使用的都是简单回报率，所以可以说罗伯特·豪根采用了一个不同的视角。① 我在本科期间读了他的文章，直到现在还依然诧异他的研究结果竟然被学术界忽视了那么久。②

回到复合回报率，观察表 5.1，显然很多投资者（包括学术研究者）都没有认识到这一悖论的存在。计算模拟资产组合的简单回报率让悖论并非那么显而易见。虽然风险最高的组合（组合 10）看起来并不符合高风险产生高回报的例子，但是投资组合 1 ~ 9 的结果显示，如果一个组合风险变高，回报率看上去是略上涨的。所以，除了一个反例，风险和回报的关系看起来是略微正相关的。但是仅仅因为一个烂苹果，或者一个教授的观察结论，我们就要把整个理论都摒弃了吗？③ 不，对大多数的学术研究来说，这样的证据支持还远远不够。

---

① 忏悔时间：在我自己关于下行风险的论文中我也使用了简单回报率而忽视了“世界第八大奇迹”复利。也可以参看：Van Vliet，P.，（2004），Downside Risk and Empirical Asset Pricing（http：//repub. eur. nl/pub/1819）。

② 顺便说一句，如果你对学术研究有兴趣，但和大学没什么联系，我建议你可以用一个很棒的叫作社会科学研究网络（Social Science Research Network，简称 SSRN）的研究论文库。它包含了很多高质量的学术研究成果，都是免费的，其中就有一些豪根教授的文章。

③ 这一事实直到最近才被学术界承认。洪（Ang）、霍德里克（Hodrick）、邢（Xing）和张（Zhang）用简单回报率证明了有较高风险的股票的回报较低。2006 年《金融学期刊》中的这一研究使得这一悖论为更多金融学术界人士所接受。

罗伯特·豪根发现了投资悖论的存在，在20世纪70年代他就研究解析了世界第八大奇迹。

实际上，越来越多的实际证据支持着这一悖论的存在。[①] 不仅在这章中，美国股票市场也支持这一结论，欧洲，日本和新兴市场，如中国、巴西和南美的股市也一样。这一悖论还存在于所有的行业板块。一旦你们发现了它，它就如雨后春笋般出现在所有地方。接下来，我们会继续探索这一悖论在其他大型资本市场中同样令人瞩目的证据，比如公司债券市场。

你们也许会想：这对我这样的投资者有什么好处呢？我相信意义是巨大的。首先，你们已经认识到了高风险会导致低回报而低风险会导致高回报。其次，你们会明白投资期限很重要。你们的投资

① 法拉瑞利（Frazzini）和彼德森（Pederson）在他们2014年的一篇文章中，通过增加低风险股票的杠杆和降低高风险股票的杠杆，使两者的风险水平一致。这一精妙的方法使得“苹果对苹果”式的公平比较成为可能，也解决了有关复合回报率的产生问题。并不意外的是，投资悖论变得更显而易见也更显著了。

期限越长，风险通过复合回报率侵蚀你们长期回报的程度也就越深。对一个高风险的投资组合来说，简单回报率和复合回报率的差别每年超过6%。这绝对是一个巨大的差别，并非一个你们可以忽视的细节。复合回报率效应解释了为什么这一悖论到现在还没有被大多数金融学术研究人员发现。

尽管这一章的结果证明了投资悖论的存在，但是还有一个大问题没有解决：为什么低风险股票能战胜高风险股票呢？这是一个很重要的问题，一个我半生以来问了自己无数遍的问题。为什么这些低风险股票的长期表现如此之好？是因为这些股票的公司有秘密的商业模式使它们的回报更高？还是与那些避开表现稳定的股票的投资者有关？或者还有别的原因？是时候回答这些问题了。你们可以继续保持怀疑的态度，让我们转到下一章！

| 第 6 章 |

视角决定一切

许多投资者并没有理解投资悖论，因为他们忽略了世界第八大奇迹，没能意识到它的效用。但是复合回报率和简单回报率的视角差别就能解释投资悖论的存在吗？计算投资组合回报的不同方法是低风险股票战胜高风险股票的唯一原因吗？

为了回答这一问题，我们首先退一步。悖论是否存在与我们看这个世界的视角有关，请看图 6. 1。

图 6. 1 说明你们看到的，取决于你们看待事物的方法。图中的答案可以是 3 根，也可以是 4 根，取决于你们怎么看。也许你们第一眼觉得是 4 根然后又觉得是 3 根，或者反过来，很有趣吧？其实这是你们选择的视角不同造成的，因为你们看待事物的方法决定了你们最终看到的是什么。

看完图 6. 1，我们回到我从学术研究转到资产管理公司工作的时候——2005 年 1 月——我重新认识风险的时候。

在那之前，我在写我的博士论文，题目不会让你们觉得意外——

图 6.1　视角决定一切

《股票的下行风险》。在研究和教学 4 年后，我带着我的公文包，里面装着“我的”投资悖论、其他一些投资中的异象，以及我自己的投资经历（相信我，我可没把福克的飞机模型放在里面），开始了我全新的职业生涯。一开始，我在这家资产管理公司的量化研究部门担任研究员。这个时候，我终于可以把我掌握的学术知识付诸实践了。[①] 在量化金融领域，这绝对是最好的一个地方。想想看：荷兰以它的大型养老基金出名，这里有许多训练有素的金融计量学家。结合两者，这里形成了真正创新的投资文化。

投资部门把学术见解转变成客户赢利的投资策略，并分析哪些策略可以带来最高且最稳定的投资回报。如果我们在严谨的研究和模拟后发现了一个稳定的投资策略，就可以把纸上的策略付诸实际

① 卡尔·波普尔（Karl Popper）是 20 世纪的奥地利裔英国籍哲学家，他说过，努力去发现这个世界更多的一面是值得的，即使这只会让我们发现自己是多么浅薄无知。在完成博士论文后，我对这句话无比赞同。

的投资。

有一天，我正在和我的同事——荷宝公司量化研究部门的主管大卫·布利茨讨论我们正在进行的一个研究项目。显然，多数时候我们的工作都和为客户寻找能够带来最高回报的投资策略相关。但是，客户并不总是能够在投资方法上给我们最大的自由度，我们往往只能在给定的风险范围内构建相应的高回报策略。这一切都很合理，不是吗？没有人会为了追求高回报而不计一切地承担风险。

当我在投资行业工作后，我发现了一些让我惊讶的事。我在大学工作的时候并没有认识到这一点，但这对投资行业工作的人来说十分熟悉，那就是大家对风险有不同的认识，也正是这一点让投资经理执着于把基金业绩和参照基准进行比较。我研究风险概念很多年，但在资产管理行业工作的第一个星期，就学到了一个新的风险概念——相对风险。

在前面，我们已经看见了不同波动率水平的股票组合的风险和回报数据。截至现在，所有的数据都是绝对风险。股价波动的直接结果是赚钱和亏钱，而波动率能描述这些价格变化，是一种绝对风险的衡量指标。

但是，许多专业投资者并不太关注这些绝对风险数据，他们更感兴趣的是对比投资组合与市场之间的风险，即以相对风险的视角去看问题。对他们来说，亏钱不是风险，跑输大盘或者不及同行才是真正的风险。举例来说，你们也许在某一年赚了20%，但是整个市场赚了40%，那说明你们这一年的回报不够好。如果你们亏了20%呢？这就取决于市场如何了，如果市场跌了40%，那你们的业绩还是非常不错的。但如果市场的回报是0，你们的业绩就很差。如你们所见：投资是一个相对游戏。

所以，如果你们的股票投资组合和市场的变化大体一致，那它的相对风险就是低的。如果组合的表现独立于市场的起伏，那就意味它的相对风险高。这类风险就像波动率一样容易计算，只不过用相对价格来替代绝对价格的变化，就这么简单。

而有意思的是，即使某只股票完全没有风险，从相对角度看也可能风险很大，我来解释一下。

假设一只股票持续每年有10%的回报，而市场在-40%～60%之间波动。这只股票的风险相对来看如何？有时候它可能落后于市场50%，有时候则可能领先50%。因此，用相对风险来衡量，这只稳定的股票风险很大，从绝对角度来看却完全没有任何风险，因为每年你们都可以稳赚10%。这就像图6.1中的木条，有的人看到的是3根，有的人看到的是4根，视角决定一切。

专业投资者不得不关注相对风险，以向他们的老板、客户和其他人证明他们的业绩高于平均水平。要知道，他们管的可不是自己的钱，他们是专业人员，基金业绩经常会被拿来和一些特定的衡量标准和指数进行比较，投资策略也经常被拿来互相对比。机构投资者偏向持续获得比参照基准更好的回报，这就是大家常说的跑赢大盘。对许多机构投资者而言，它们投资生涯的唯一目标就是通过低的“相对”风险来赚取高的“相对”回报。

市场组合是所有股票的加权平均，是最终的衡量标准，大多数投资者也都会拿投资经理管理的结果与市场的风险和回报进行比较。整个市场的表现［比如说标准普尔500（Standard & Poor's 500 Index）或摩根士丹利资本国际公司全球指数（MSCI World Index）等］就是他们的参照基准，而且大多数时候他们也确实有理由这么做。如果你们的组合和市场提供的回报相同，但是相对风险较高，那么可能还不如买一只指数基金来追踪市场。

除此之外，作为一个投资专业人员，如果你们为客户选择了“相对风险高但回报相同”的投资组合，这意味着你们还要承受一类额外的风险——因为选错股票而被辞退的风险。这个职业风险才是最可怕的。为了保住饭碗（或者保住客户），作为一个专业投资人员，你们必须保证你们挑选的股票能够打败市场而不是给出一个跟市场差不多的回报。所以，大家关注的焦点首先是回报，其次才是风险。

什么风险呢？没错，相对风险。但是，请大家先回想我一开始进入资产管理行业的经历。我加入的研究部门在 1994 年就已经研发了一个择股模型，这个模型旨在选择相对低风险而同时给出高回报的股票。这个量化模型建立在已经被验证的基础上，随后也成了很多荷宝基金经理投资决策的基础。此外，2002 年以后，一个专门追踪该模型投资信号的策略也在现实生活中获得了相当可观的回报。

我很高兴看到学术理论能够转变成服务专业客户的产品。有一天，我和大卫聊天的时候提到了这个投资悖论，我知道他也读过罗伯特·豪根的研究文章并且了解低风险股票在较低波动率的基础上能给出跟市场相同的回报。

当时大卫已经在资产管理行业做了 10 年，所以我想问他有没有考虑过在择股模型里加低波动率因子，使投资者从这个投资悖论中获利。虽然这已经是 10 多年前的事了，我仍然记得他那令人深思的回答：“平，如果我们在现有模型上加入低波动率因子，相对风险就会显著提高。在我们的客户看来，这就是一个高风险而没有额外回报的策略。”

我大吃一惊。当时我刚从学术界转到资产管理行业工作，有满肚子已被证明的学术知识，和坚决要把这些知识转变为投资策略的雄心壮志，却发现大多数投资者对绝对低风险的投资组合没什么兴趣。为什么呢？因为这看起来与他们的“相对低风险”的世界格格不入，绝对风险低被认为是相对风险高。视角决定一切——如果你们问我，我觉得这也是一个悖论。

我学得很快，并意识到对很多专业投资者来说，低风险策略完全没有吸引力。是的，相对风险很高，但是相对风险对专业投资者来说重要吗？客户应该只在乎真实的投资回报数据，特别是当你们要满足投资目标的时候，这些数据是唯一重要的东西。

很简单，过高的相对风险会成为“职业杀手”。相对风险意味着你们偏离同行和参照基准的程度。假设你们发现一只稳定的股票能保证每年 10% 的回报，而市场当年上涨了 30%，下一年又下跌了 7%。两年后，两者的平均复合回报率都是 10%。但是，第一年你们的业绩会落后于市场 20%，而第二年你们的业绩优于市场 17%。第一年你们可能拿不到任何奖金，还有可能被炒鱿鱼，第二年如果你们还有工作的话，你们超越市场 17% 的业绩也只能补偿之前不佳的业绩。所以，从一个相对角度来说，这只无风险的股票风险很大，并不是一个具有吸引力的投资项目。

所以，对一个正在规划职业生涯的投资专业人员而言，从相对风险的角度来看，放掉低风险投资的机会绝对合情合理，这其实就是“深陷”相对风险框架的结果。

原来，我看到的只是图 6.2 的右面（或者说光明的一面），但是很快我就发现大多数投资者都只注意左面。这里再提一句，现在我们保守地假设低波动率股票提供和市场完全相同的回报，但是绝对风险较低，相对风险较高。

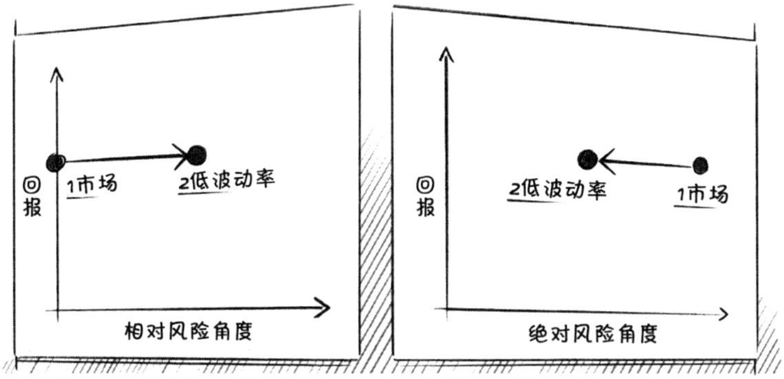

图6.2　两个角度看待低波动率

大卫·布利茨和我都知道我们必须说服我们的潜在客户，告诉他们需要改变对风险的看法，要从注意相对风险转到注意绝对风险，即我们必须改变他们的投资模式。因为一个低风险组合只有在投资者关注绝对下行风险的情况下才是合理的投资，如果关注的是相对风险，那么就没有任何意义。这听上去有点儿奇怪，因为不符合相对风险的逻辑评估框架，基金经理也就不会选择低风险组合，特别是明知客户选择这种组合能够长期获得更高回报和较低风险。这些可怜的投资人士和他们的客户啊，前者对职业生涯的担忧让后者没办法从投资悖论中获利！

但你们走运了！因为相对风险和职业风险的存在，专业投资者避免投资低风险股票，却给了那些不怎么关心相对风险的投资者一个很好的机会。如果你们家里的那一位并不紧紧监控你们投资组合的相对风险，不会因为你们买了低风险股票而“炒你鱿鱼”，那么你们买低风险组合简直就是占据了天时地利人和。这看上去好像又是一个悖论，但是私人投资者比专业投资者所受的限制少得多，所以也更易于从投资极具吸引力的低风险股票中获利。我在开发这个策

大卫·布利茨："参照物可能完全改变我们对风险的看法。"

略的时候，心想那些管理自己投资组合的客户应该对此最感兴趣。就像我父亲那样的人，从来都不关注参照基准，关注的只是让自己的资产保值、增值。所以，如果你们没有什么参照基准，那你们真的很幸运！

专业投资者面临低风险投资策略所受的限制，可能正是投资低风险组合有效性的首要和最好原因之一。如果许多专业投资者无法把资金配置到这类投资组合上，这些"不被偏爱"的策略就成了"持有不足"的策略，或者说是被其他投资者忽视的，也因此能提供更好的回报。但其实还有很多其他原因使低风险股票对投资者来说不那么有吸引力，翻过这一页，我将告诉你们为什么他们没有爱上这些"珍宝"！

| 第 7 章 |

风险的暗黑魅力

小时候，妈妈告诉我老和别人攀比会给自己带来烦恼。伊曼努尔·康德（Immanuel Kant）是一位19世纪的哲学家，曾论述过嫉妒具有破坏性。此外，除了哲学家，所有的主流宗教都向世人警示羡慕、嫉妒、贪欲的负面影响。① 如今在21世纪，有大量实时信息随手可得，将自己与他人比较也变得更容易、更频繁。但就像图7.1描绘的那样，天天与别人攀比，不甘人后真的会令人疲惫不堪甚至百害而无一利。

埃里克·福根斯坦（Eric Falkenstein）是一位令人尊敬的作家，在他所写的两本关于低波动投资策略的书中，他提供了一些关于这个现象的高明想法！他强调人类在生理上就有爱攀比的倾向，他还认为相对风险的框架能够激发而非缓和人类这种

① 《圣经》（*Bible*）的第10戒就是不可有贪心，在伊斯兰教和佛教中嫉妒被认为是有害的，印度教把嫉妒与失去个人的心理平衡联系在一起。

图 7.1　嫉妒是有害的

嫉妒心理。[①] 鉴于嫉妒是一种如此强大的情绪，我们千万不能低估它对投资决策的影响力。

资产管理行业对相对风险的关注也许不是低风险股票被许多投资者如此大规模忽视的唯一原因[②]，这里我们重温一下。第一，许多

---

① 埃里克·福根斯坦在书中给出了从生物学（例如交配）到经济学的许多例子，还论证了为什么古往今来人类都如此重视相对性。例如，他讨论了著名的埃尔斯伯格悖论（Ellsberg Paradox）：西方国家较为富有，但整体而言却没有更幸福。对经济学家来说，这看上去很奇怪，因为效用是和财富与收入相关的。有趣的是，这个悖论从相对角度来考虑很容易理解，但从绝对角度来考虑却非常令人费解。

② 偶尔进行比较是有益的，但我们不应该做得太过，黄金分割的理论在同行对比和相对风险上也同样适用。

投资者并不知道这个悖论，因为他们忽视了第八大奇迹——复利的存在。第二，因为相对风险模式和职业限制，很多专业投资者不能利用投资悖论为客户服务。第三，这是一种强而有力的解释：许多投资者根本就不想买低风险股票，因为高风险股票对他们来说更有吸引力。没错，这些低风险股票通常一点儿也不刺激，也不会让你们觉得这是简单又快速的赚钱方法。

正如我之前讨论过的，投资者在管理自己的钱的时候并不受参照基准和相对风险的限制，只要他们的券商向他们推荐，大多数个人投资者想买什么就买什么，散户也确实是这样操作的。

个人投资者倾向于投资那些他们认为有吸引力的标的，通常是哪种类型的股票呢？现实生活中，人们就像买彩票一样地买股票，他们成了那些高波动、诱人的、博眼球的股票的受害者。一项学术研究调查了那些持有最高波动率股票的投资者的背景，似乎存在投资者社会经济地位越低，对高波动率、彩票型的股票偏好就越多的趋势。[①] 所以，高风险股票是“穷人的股票”吗？心痛啊，我买第一只高风险股票的时候的确很年轻又没钱！

那些处在令人兴奋的新兴行业、有着令人兴奋的新商业模式的公司的股票是他们的最爱，这些投资者并不关心公司有没有一个可持续发展的商业故事，关注的是他们能获得多大的成功，买了这些股票之后回报能有多大。这些让人兴奋的股票让他们在朋友和家人面前谈论股票的时候很有面子，似乎展现了他们很有前瞻性，提前就买好了这些股票。

---

① 阿洛克 · 库马（Alok Kumar）就“谁在股票市场赌博”（*Who Gambles in the Stock Market*）的主题在 2009 年《金融学期刊》上发表了一篇可读性很强的报告。

历史上，投资这类“性感诱人的”股票的前车之鉴非常丰富。拿著名的发生在英国18世纪的南海泡沫[①]做个例子。1720年泡沫破裂后，艾萨克·牛顿（Isaac Newton）爵士在这个波动性巨大的股票投资上损失惨重，说了那句经典名言：“我可以计算天体的运行轨道，却无法计算人性的疯狂。”这个悲伤的故事告诉我们其实并没有多少投资者因为买了高风险股票而家财万贯。

从生意角度来看，也不难理解为什么公募基金经理会追求有高期望回报的股票。因为当基金经理成功挑选了一只表现优于市场的股票时会发生什么呢？显然投资组合会有很高的回报，这一成功会被那些挑选最佳明星基金经理的机构投资者注意到，然后把这位明星基金经理推荐给别人。结果是什么呢？这位经理的基金会有大量的新资金，而这些资金又会转变为资产管理公司的收入，博取老板的欢心。[②] 接着，作为奖励，他就会得到一笔丰厚的奖金。

哦，别忘了还有那些分析师。大多数的股票分析师作为初级从业员进入市场的时候都希望能够发现有吸引力的股票，几年后被市场注意到，然后成为投资经理或者明星分析师。所以，为了能够在资产管理行业的职业生涯阶梯上爬得更高，他们需要保证他们的业绩令人印象深刻。他们所要做的就是找到一只有相对高潜力的股票，

---

① 南海泡沫指的是针对南海公司（South Sea Company）的大规模投机交易。南海公司于1711年在英国成立，具有和南美洲贸易的特权，是一个寡头公司。

② 杰森·卡塞斯基（Jason Karceski）2002年就此写了一篇学术文章。公募基金客户追求回报的行为导致基金经理挑选高风险的股票。文章名为《追逐回报行为——公募基金和贝塔之死》（*Returns-Chasing Behavior, Mutual Funds, and Beta's Death*），刊登于《金融量化分析期刊》（*Journal of Financial and Quantitative Analysis*）上。

它相比整个市场有更好的表现（他们玩的也是相对风险的那种游戏)。就像基金经理一样，他们关注、推荐有可能超越市场的股票，所以他们也有很清晰的动机去关注高风险股票。

埃里克·福根斯坦：“投资悖论存在的根源在于嫉妒。”

现在你们明白了，对大多数的资产管理人、基金经理和分析师来说，投资高风险股票是物有所值的，尽管无数的历史数据证明了这只是一种零和游戏，而不是什么赢家的游戏。我想要强调的是，这种行为是固定的、可理解也是完全理性的，这也是为什么它在市场中能形成一股如此强大的动力，特别是当前大部分资金都由专业投资人员而不是资金的所有人自己管理。这道理也许显而易见，但对管理自己资产的人（像我父亲）来说，就不是这么回事了。

这也许就是为什么低风险股票总是被市场忽略的原因。第一，专业投资者对风险考虑的角度不同导致他们追求高风险股票。第二，专业投资者对职业生涯的考量也鼓励他们投资高风险股票。第三，专业投资者对业务的考量也刺激着资产管理公司出售高风险基金。

第四，低风险股票“不够性感”，没有“彩票特性”。所以，几乎所有人都被股票市场黑暗而危险的一面吸引住了。

到这里，看了我对资产管理行业、低风险投资和人生的反思，你们可能想说“谢谢你了，牧师先生”。我倒无所谓，因为我的目标是确保你们能真正理解投资悖论存在的根源。也许你们正在想为了阻止这种趋势，自己能做些什么，怎么才能不成为这种相对思维的受害者。

好在答案“相对”来说也很简单。你们所需要的就是改变你们的视角，在别人都看到 4 根木条的时候尝试只看到 3 根。忘掉和别人比来比去，只关注绝对风险和长期资本增长。别忽视世界第八大奇迹并抵制高风险股票的诱惑。买入低风险股票并有耐心，这就是你们所需要做的。

| 第 8 章 |

低价买入，记住“趋势造英雄”

你们需要的就是低波动率股票。你们要确保找到低风险股票，买入、持有，只有另一只更好的低风险股票出现时才考虑卖掉。

“喂喂喂，范·弗利特先生，别这么快！你是在告诉我只需要关注低波动率股票，其他任何投资建议都不用管吗？我只需买入所有低波动率股票，不必担心别的任何事了？”

如果这句“你们需要的就是低波动率股票。”让你们内心充满了困惑的话，那我真的要开心一整天。这证明了你们养成了有益的怀疑态度，当然了，如果你们没有疑问也不用担心，我很感激你们对我有如此耐心。让我们集中注意力：低波动率真就够了吗？构建低波动投资组合时，我们可以忽略其他重要的投资策略吗？

是的，你们真的可以！如果你们真的这么做，你们可能会看到令你们相当满意的结果，正如第 3 章所说。但如果你们忽略了其他具有价值的投资精华而只投资低波动率股票的话，你们也会错过一笔财富，接下来，我就会向你们展示这一原理。我的建议是：“所有你需要的就是低波动率股票加两种佐料。”好了，就让我们开始寻找你们所需要的为投资组合调味的佐料吧。

但是从哪儿开始呢？让我们先退一步。我们的目标是买低波动率股票，因为它们能提供满意的回报。但是如果你们买了市场上所有的低波动率股票，资产组合就会相当大，所以你们必须有所选择。如果你们必须在两只特性完全相同的低风险股票中选择，一只贵而另一只便宜，你们很有可能会选择便宜的那一只。

这就是第一种佐料。它像生活中买其他东西一样，不仅要关注买的是什么，还要注意支付的价格。买入便宜的股票是一个备受欢迎、广为人知的投资策略，被全世界的很多投资者运用。也许你们已经听过价值投资的概念，大概有 1 000 本书围绕价值投资而展开，还有很多著名的投资者都始终遵循这个投资方法。①

即使价值投资的方法有很多种，但是它们的共同特点都是投资暂时“打折”的股票。价值投资者寻找的股票，通常有合理的原因不被其他投资者看好。相较于基本面展示出的内在价值，这类股票的交易价格往往偏低，一旦它们重获青睐，股票价格就会反弹，价值投资者就会赚取可观的回报。这就相当于用 60 美分买了一个价值 1 美元的东西，然后坐等这 60 美分的东西涨回到 1 美元甚至更多。

著名的投资家本杰明·格雷厄姆（Benjamin Graham）被称为“价值投资之父”，沿着这个逻辑想，沃伦·巴菲特（Warren Buffett）

---

① 沃伦·巴菲特、沃尔特·施洛斯（Walter Schloss）、马里奥·加贝利（Mario Gabelli）、克利斯多佛·布隆尼（Christopher Browne）和乔尔·格林布拉特（Joel Greenblatt）都是很出名的价值投资者。尤金·法玛（Eugene Fama）、安德鲁·施莱弗（Andrei Shleifer）和罗勃·阿诺德（Rob Arnott）也同样提倡价值投资理念，他们的理论深受了解学术研究和实证主义的投资者的喜爱。

正是其“子”。价值投资者创造的超高回报获得了学术界的关注，许多研究人员试着去验证以低于公司基本面价值的价格去投资股票是不是真的有效。他们发现，在具备一定价值特征的前提下，便宜的股票能够“跑赢”昂贵的股票。举个例子，他们证明了，如果一家上市公司的股票的总价值低于公司总资产价值或公司总盈利，投资这家公司是很值得的。①

把这一理论运用到我们的低风险策略中，难道不是一个好主意吗？绝对是。毕竟，如果价值投资是一个已经被验证的概念，那么买入便宜的低风险股票就有根据。那我们应该关注哪些价值特征呢？

为了回答这个问题，我们先想想投资者买股票的原因。他们买股票是为了得到相应的“一些东西”，作为回报：资本利得（即股票价格上涨后的差价）、股息或者两者都有。投资者把从股票投资中得到的股息认为是一种“收益”。

不要低估股息的重要性。埃尔罗伊·迪姆森教授估计美国和英国股票市场在 1900—2000 年产生的总回报的约一半来自股息。② 换句话说，收益很重要。实际上，收益的影响很大！股息率是直接比较两个股票的很好指标，股息应该和股价挂钩。举个例子，一只有 1 美元股息的股票，股价是 10 美元，那么它的股息率就是 10%。这只股票就会比另一只股价为 100 美元但同样有 1 美元股息的股票更有

---

① 第一篇证明了价值投资方式能提供高回报的学术研究文章是由巴苏（Basu）在 1977 年完成。之后又有很多学术研究成果，其中最杰出、被引用最多的是诺贝尔奖获得者尤金·法玛的著作。一些学术观点认为价值投资是有效的，因为投资者会对回报增长过于乐观并过度投资，而其他学术研究指出价值型股票较高的风险解释了它较高的回报。

② Dimson，Marsh and Staunton（2002），The Triumph of the Optimists.

吸引力，即10%的股息率比1%的股息率更有吸引力。

但是，投资者只关注股息率会引起一个问题。一些公司喜欢支付股息，但是由于其他原因，比如因为股息税，它们也许偏好从现有股东手里回购股票。如果公司决定回购自己的股票，这意味着未来的公司利润会由较少的股东来分享。你们也可以把这些被回购的股票看作是一种“隐形收益”，即使你们不会从公司得到任何现金，但你们在“利润”这个大蛋糕里分到的比例变大了。如果我们在挑选低波动率股票时仅仅关注股息率，我们也许就会漏掉这些回购自己股票而不派发股息的公司。因此，我们在挑选低波动率股票时应该对股息率和回购行为都有所关注。因为两者都与股东收益有关，我更乐意把这一价值维度称为“收益”。

收益是一个简单的价值指标，因为它说明公司至少在赢利（如果它不赢利的话很难支付股息或者回购股票），而它的股价又很便宜。根据定义，如果股价涨了，收益率就会下降，其他股票会自动变得有吸引力。收益也能反映一些管理层的行为，它表明管理层恪尽职守，谨慎地管理公司的现金和利润。①

所以，这就是我们第一种佐料。通过关注那些收益诱人的低波动率股票，我们能够进一步改善我们的低风险投资策略。然而，如果我们只是在低波动率策略中引入价值维度，就会面临另一个潜在风险。我们还需要第二种佐料，让我来解释一下。

有一些股票价格低收益高，但“天上不会掉馅饼”。这些股票看上去非常吸引人，但是如果发行这些股票的公司的商业前景并不是

① 一些投资者把公司对股东的总支出当作一种衡量“品质”的指标。这种投资风格比起价值投资来说，定义得还不够清晰，它除了有利润指标，有时候也包括低风险指标。

那么令人感兴趣呢？如果你们发现，一只低波动率股票的股息率很高，但是该公司的管理层正在出售子公司或者发售大量债券，仅仅是为了向股东支付股息呢？如果你们只关注股息率，这看起来可能是诱人的投资，但是随着时间的推移，这家公司可能陷入严重的困境。

投资者常把这类价值型股票称为“价值陷阱”。如果你们掉入了这种陷阱，被具有迷惑性的价格放倒了，你们最后会面临这样的结果：股价渐渐坠入无底深渊。在这种情况下，投资者常常成为“温水煮青蛙”故事中的受害者。根据这个比喻，如果水是被慢慢加热的，水里的青蛙不会跳出来，但最后会被活活煮死。与之类似的是，大多数人对慢慢来临的风险反应不足，将陷入被“煮死”的险境。[①]

现在跟大家说个好消息。动量是你们的低波动组合所需要的第二种佐料，它可以阻止你们掉入价值陷阱。如果有一只收益可观的低波动率股票，其价格趋势正在逐步下降，这是一个不好的征兆。所以，为了避免被煮，你们应该通过整合价格趋势的信息来改善你们的策略。关注那些收益吸引人、价格上行的低波动率股票，我们就能避开这些风险。在图 8.1 中，兔子对恶化的环境没能及时反应，忽视了动量的变化，但乌龟做出了正确的反应。它注意到了上升的温度，及时跳出锅救了自己。

也许你们已经听过“价格趋势”这个词，它用来描述股票在特定时间段内的价格变化。喜欢关注价格趋势来评股的分析师，偏好

① 即使实证研究反驳了这一观点，还是有一个形象的比喻解释了为什么一旦坏消息逐渐出现，人们对其有反应不足的情况。可查看维基百科：https：//en. wikipedia. org/wiki/Boiling_frog。

图 8.1　温水煮青蛙的故事说明人们有对风险反应不足的倾向

那些具有上行价格趋势的股票。这类技术型分析师，喜欢说一些话，比如："趋势造英雄。"他们深信最近表现较好的股票（也被称作"牛股"）在短期内也更有可能成为"赢家"。他们还相信反之亦然，所以你们应该避开那些下跌的股票，因为这个趋势将会持续。这个现象有一个很别致而广为人知的名字：动量。你们知道吗？有大量的学术研究成果表明，动量投资是有效的。

一个由"牛股"组成的投资组合比一个由"熊股"组成的投资组合能给出更高的回报。一些支持动量投资理论的证据早在 19 世纪就存在了。[①] 动量分析的好处在股票市场之外也明显存在，比如债券、货币和商品市场。对于 12 个月内的新闻，投资者倾向于反应不

① 第一个证明这一观点的学术研究是 1993 年杰格迪希（Jegadeesh）和提特曼（Titman）所做。之后，大量成果出版，有研究证明持续的动量获利可以追溯到 1801 年。感兴趣的读者可以参考：Momentum in Imperial Russia，by William Goetzmann and Simon Huang，2015 SSRN abstract number 2663482。

足，而对于短期（少于 1 个月）和长期（多于 3 年）的消息，投资者倾向于过度反应。在大多数有关动量分析的学术研究成果中，观察的时间长度都是 12 个月，不计入最近的 1 个月。在这一年的时间里，许多人的行为都像锅里的青蛙，不是没能及时认识到一家坏公司有多糟糕，就是没能发现一家好公司到底有多优秀。而动量能够帮助我们克服这些心理偏见所带来的问题。

动量不仅可以阻止我们掉入价值陷阱，把我们从一锅沸水中拯救出来，还能帮助我们在正确的时候挑选那些股价正要恢复并趋向其内在价值的股票。在其他投资者都不愿意买入的时候，投资一只具有可观收益的低风险股票会是一个明智的选择。但是，如果你们想通过这样的投资获利，就需要他人的帮助。因为只有当其他投资者了解你们投资的潜力，开始买这只股票，股价才会上涨，动量才会形成。所以，如果你们想购入高收益的稳定股票，但又缺乏足够的耐心，应该怎么做呢？嗯，你们确保只选择那些已经具有诱人价格动量的股票吧。

趋势和收益是一对强大的组合，它们会告诉你们如何在正确的时候买入正确的股票。有了这样的认识，我们对改善低风险策略的探索也已经接近尾声。我们现在已经确认了完善低波动组合所需的两种佐料：你们需要确认低风险股票的收益是否够好，以及该股票近期是不是一只“牛股”（动量为正）。我相信，到此刻你们已经等不及要看看改良版的低波动率策略的投资结果了，我强烈建议你们赶快翻到下一章！

| 第 9 章 |

好事成三

好事成三：你们只需要考虑低波动率、收益和动量三个因子就能建立一个可以带来高回报和低风险的股票组合。但是，别把我的话“照单全收”，你们应该通过一些测试来自己证明这一点。我们回到第 3 章中用过的电子表格程序，再做一些深入分析吧。

帮你们回顾一下：在第 3 章中，我们假设在 1929 年 1 月 1 日，我们向一篮子低波动率股票和一篮子高波动率股票各投入 100 美元，然后模拟两个投资组合在 2017 年 1 月 1 日的价值，我们在市值最高的 1 000 只美国股票中建立了这两个组合，并在投资期间的每个季度都对仓位进行调整。

每个季度我们都把这些股票按照它们过去 3 年的历史波动率进行排序，然后买入 100 只波动率最低的股票作为我们的低波动组合，用同样的方法我们建立了高波动组合。但我们低/高波动组合中的股票，一旦不符合我们的标准（它们的波动率不再足够低或者高），就会被卖掉，然后由新的低/高波动率股票替代。在投资这些组合 88

年后，我们的高波动组合“只”值 21 000 美元，而低波动组合的价值达 482 000 美元。考虑到我们只是根据低波动率这一特性挑选股票，这一结果已经相当令人“满意”了。好了，“回顾”完毕。

但是，我们可以考虑收益和动量两个因子来建立同样的组合吗？这很简单。我们的目标就是要挑选出有收益和动量特征的诱人低波动率股票。所以，我们首先还是应该关注波动率这一特性，然后再注意收益和动量。我们的出发点还是我们之前所用的股票池：在任何时点上可供投资的市值最大的 1 000 只股票。我们要计算每只股票的历史波动率，然后简单排除波动率较高的 500 只股票。暂时先忘掉这组股票，因为我们要先关注最低波动率的 500 只股票。

把这些股票放在一起的原因是它们都有相对较低的波动率，但它们并非都有高收益或者正动量。有一些收益高但是动量糟糕，而另一些动量为正但是收益很低。我们应该怎么处理呢？

首先我们还是从排序开始。我们把 500 只低波动率股票按照收益和 12 个月内动量的一定规律排序。每只股票都会根据这两个因子被打分（1 ~ 500 分），把这两个分数相加，并把两个排序合并，得到一个整合后的列表，然后买入排名最前面的 100 只股票。排名领先的股票会有低波动率、高收益和正动量的特点。拉丁文中有一句话，“事有三即成”，意思是所有好的事情都是成三出现或者成三数法则。正在读这本书的千禧一代（Millennials），喜欢图画多过文字，图 9.1 中的乌龟就为我们画图总结了我们定义的最佳保守型股票的公式。

通过整合后的列表，我们可以确认那些有高收益但动量糟糕或者相反的股票会排在中间段。对于整合排名的数学方法你们也不用担心，这很简单。如果一只股票在收益排名上是第 1，而动量排名是第 499，它整合后的排名就是 250，不会被认为是最有吸引力的那一

图 9.1　保守型股票的公式

只。一只股票的收益和动量整合的分数越高，它在列表上的位置就会更好。

我们建立投资组合的最后一步非常简单直接，再次整合列表中从最高分 1 分（在收益和动量上得分都很高）到最低分 500 分（两个分数都很差的）所有 500 只低波动率股票。这之后，我们只买整合分数最高的前 100 只股票，就这么简单。

很简单，不是吗？首先，我们按低波动率对 1 000 只股票进行排序，然后把排名在前的 500 只股票按收益和动量再排序一次，然后，我们就简单地买前 100 只股票作为我们的投资组合。这个组合的名字是什么呢？我们可以给它一个很华丽的名字，比如“低波动高收益好动量组合”，但是为了和图 9.1 对应，我更想把这个组合称为“保守型投资组合”。为什么呢？因为我们所用的公式青睐这些“保守”配置资金的低风险股票公司，比起把资金用于公司业务，它们选择把资金派发给股东。这个公式在择时上也很“保守”。这些股票只有在它们的动量不断提高，其他投资者开始推高它们的价格时才会被选中。

图 9.2 表明加入收益和动量因子能有效完善低波动投资组合，

达到卓越的投资效果。悖论得到了更强的支持，这一组合在1929—2017年这个投资期内回报诱人，表现抢眼。大萧条期间，在低风险股票上加入收益和动量两个因子，其就已经产生回报，保守型股票组合一开始的表现就优于原先的低波动组合。在经过最初的几年后，保守型投资组合和低波动组合的价值差别每10年都有显著增长。到了2017年，保守型投资组合的价值已经超过了2 600万美元，或者说是低波动组合的54倍。我敢说，这是一个令人非常“满意”的结果。

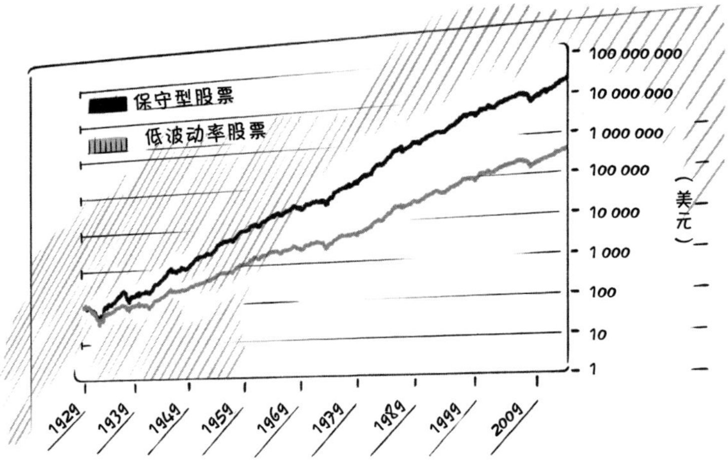

图9.2　保守型股票和低波动率股票对比

综上所述，如果通过收益和动量因子改善低波动组合，保守型投资组合会有明显的投资回报，那么投资一个由低收益、负动量的高波动率股票组合又会有什么样的结果呢？我们可以调查一下会发生什么。为此，我建立了一个投资组合，首先选择股票池中波动率最高的500只股票，然后把这500只股票先按收益、再按动量进行排序，最后计算出整合分数。于是，我就建立了一个列表中排名最低的 100 只股票的投资组合。概括来说，这个组合投资了那些价格昂贵而动量糟糕的高波动率股票，我们该怎么称呼这个组合呢？

如图 9.3 所示，我想“风险组合”会是一个合适的名字。风险高，是因为你们在 1929 年 1 月 1 日投资的 100 美元在大萧条期间会变成不足 10 美元。然后要耗费 15 年去弥补你们的损失（虽然只是暂时的），才开始产生正回报。不幸的是，快乐是短暂的，因为在你们投资这个组合的 45 年后，它的价值又下跌到 100 美元以下。确实，在这 88 年中，它赚取了一些“利润”，因为在 2017 年元旦这天，组合的最终价值略微超过 787 美元。我在这里给“利润”加上引号可不是为了冷嘲热讽，而是考虑到这个词的定义。虽然你们大概获得了 687 美元的利润，但如果你们用实际的美元来衡量，考虑通胀的话，看到的就会是另一番景象。

图 9.3　有风险的投资组合并没让你们变得富有

通胀会降低你们手中钱的购买力。换句话说，用 2017 年的 100

美元，相比1929年，你们能买到的商品减少了。事实上，1929年的100美元的购买力相当于2017年的1412美元。① 所以，从100美元到787美元的增长其实不能弥补通胀的损失，你们需要拿1412美元来做比较，那么2017年的787美元购买力实际比1929年下降了44%。我把这称为“真正的损失”。

结合低波动、收益和动量三种佐料，可以为你们的整体财富带来巨大的差别，而且你们根本不需要等88年来收获“这三件套”带来的回报。

再看一眼图9.3，经过两个10年后，你们从保守型投资组合获得的回报和从风险组合中获得的有巨大的差别。在1949年的元旦这一天，通过投资保守型投资组合，你们就已经打出了一个“10垒打”②，而如果投资风险组合，你们可能还会有损失。投资保守型组合是一个长期成功的策略，整个投资期的年平均复合回报率为15%。

图9.4显示了保守型投资组合和风险组合每10年的回报。每10年保守型投资组合都战胜了风险组合，以九局九胜和更低的风险赢得最终胜利。投资悖论始终成立，不管是在大萧条期间、狂热的20世纪60年代还是在股票市场一片欣欣向荣、华丽无比的20世纪90年代，保守型投资组合的回报都更高且更稳定，在15%上下波动。

---

① 这是通过 http://www.dollartimes.com/inflation/inflation.php? amount=100&year=1929 一文的数据计算得出购买力下降的。

② 这是形容投资回报比最初购买价格翻了10倍的行话。“10垒打”这个术语由传奇基金经理彼得·林奇（Peter Lynch）在他的著作《在华尔街的崛起》（*One Up On Wall Street*）中提出。林奇提出这个词是因为它是个狂热的棒球迷，“垒”是棒球运动的一个用词，“10垒打”意味着两个全垒打再加上二垒打，或者与一场超级成功的棒球比赛类似的股票。（中国市场把这类股票称为“金股”“十倍股”。——译者注）

在20世纪80年代，回报曾经上涨超过20%，而在21世纪前10年回报跌落到10%以下，这个时间段内出现了两次大的股市调整（2001年和2008年）。如我们所料，风险组合的回报要差得多，整个投资期平均回报率为3%左右，在较困难的那几十年，比如20世纪30年代和21世纪前10年，回报格外低。

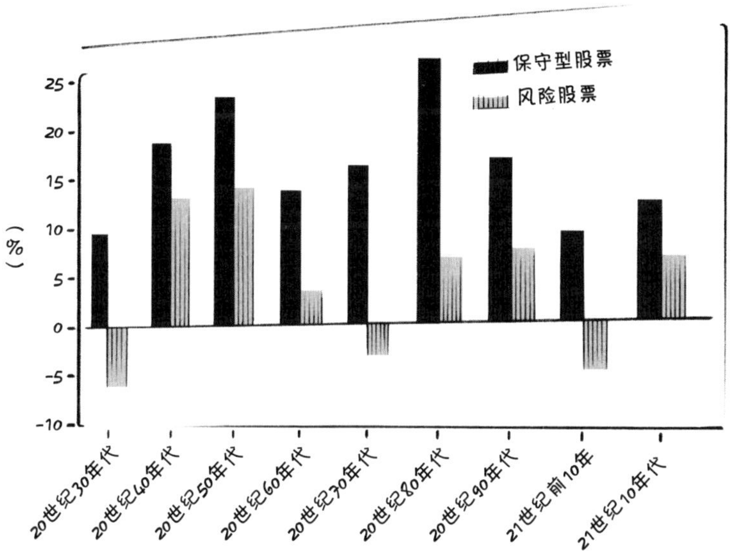

图9.4 保守型股票不再有失去的10年

两个投资组合的回报差距达到了惊人的每年12%，这不仅是一个很大的差别，从学术角度来说，这还是非常稳定而且“显著”的。① 统计学上的显著性意味着这样大的回报差距几乎不可能是纯粹运气的结果。在这个例子里，靠运气发生的可能性是一太兆（10^{18}）

① 如果想以更加公平合理的方式对两个组合的回报进行直接对比，你们可以对保守型投资组合增加杠杆，并降低风险组合的杠杆，再调整财务成本。最后的t值是9.5，远高于临界水平2.0，把这个结果换一个更实际的角度来解释：这么显著的t值代表的概率约是一太兆分之一。

分之一。

让我们再看另外一个统计学的例子，如图9.5所示，兔子被一只鲨鱼攻击致死的概率是多大？2014年，全球70亿人口中只有3个人，死于被鲨鱼攻击。这说明你们在任何一年可能死于被鲨鱼攻击的概率是1∶23亿，而任意一天里这个概率小于1∶8500亿。虽然这个概率已经非常低了，但撞上这种惨剧的可能性还是比保守型投资组合长期跑输的概率高出100万倍。事实上，基于结果的显著性水平，你们明天被鲨鱼咬死的概率都比保守型投资组合会长期跑输的概率要大。谁说统计学无趣呢？①

图9.5　明天被鲨鱼攻击而致死的可能性要大于悖论失效的可能性

① 我在这里把这个显著的结果再运用到学术界最近的一场还在继续的辩论中。领先的学术期刊越来越强烈地认识到“假阳性”（false Positives）的重要性，“假阳性”指那些看起来是显著的，但实际上不是的结果。由于很多研究人员都被鼓励发表一些显著的研究结论，他们有很强的动机去做“数据钓鱼”：使用那些t值看上去显著的数据。这种可以理解的人类行为已经严重影响了人类科学，因为很多研究无法被复制，最直接的解决办法就是提高标准。哈维（Harvey）是《金融学期刊》的前编辑，建议把t值的临界水平从2.0调高到4.0来衡量投资策略。

最后，如果我们把保守型投资组合和股市的平均表现相比，会得到什么样的结果呢？我们都知道不能老是攀比，但我们还是先比比看吧。保守型投资组合战胜了市场参照基准，在低风险的水平上以高回报领先，年化回报率的差别为4%。复利的力量让这一差别最后在组合的价值上的体现是，保守型投资组合价值2 600万美元而股市平均组合为99.5万美元。看见了吧，好事确实总是成三！

所以，这些保守型股票战胜了高风险股票甚至战胜了市场平均水平。但是我们所说的保守型股票到底是哪种类型的股票呢？为了让你们对投资悖论有更好的理解，我决定带你们来一次探险旅行，到股市里去探索发现“乌龟”和“兔子”。

| 第 10 章 |

发现“乌龟”和“兔子”

吸引人的保守型股票到底是什么样的呢？这些股票的公司做什么样的业务，在什么行业里运营呢？你们能否发现一只不应出现在你们投资组合里，具有扼杀财富能力的高风险股票呢？在本章，我们将搞清楚股票市场里的“乌龟”和“兔子”。

但在这样做之前，除了波动率之外，我还想先介绍一个常用的风险度量指标：贝塔（beta）。贝塔是一种广泛使用的风险度量指标，它衡量股票的风险及其对市场风险的贡献。贝塔类似于波动率，但可以用更简单的方式来理解。贝塔低于 1 的股票风险较低，而贝塔超过 1 的股票风险较高。如果一只股票的贝塔为 1.5，当市场上涨 10% 时，它应该上涨 15%。如果市场上涨了 10%，那么贝塔为 0.5 的股票将上涨 5%。所以，一只有风险的股票的贝塔高于 1。这很容易记住，不是吗？

作为风险度量指标，贝塔比波动率更好用，因为它浅显易懂。25% 的波动率被认为是高或低均有可能，因为这取决于市场上其他股票的波动率水平。例如，在股市恐慌和危机时，所有股票的波动率可能会变得相当高。在这种情况下，一只波动率为25%的股票可以被归类为低风险。而在股市压力较小时，比如牛市，股票波动的整体水平可能相对较低，而一只波动率为25%的股票可能被归类为高风险。换句话说：波动率是随时间变化的，就像天气一样。而贝塔的解释就比较简单，在不同时间段上更为稳定。一只低风险的股票的贝塔在1以下，就这么简单。大多数财经报纸或投资网站都会提供股票的贝塔。不过不用担心，无论你们使用贝塔还是波动性，股市悖论都存在。①

我们现在来看表10.1中美国、德国、日本和中国的前五大公司股票的一些特征，共20只股票。

表10.1　20只美国、德国、日本和中国最大上市公司的股票（2016年6月）

国家—公司名	贝塔	股息率（%）	52周股价变动率（%）
美国			
苹果公司	0.9	1.7	27
阿尔法特（Alphabet）	0.9	0.0	35
微软公司（Microsoft）	1.0	2.7	10
伯克希尔－哈撒韦公司（Berkshire－Hathaway）	0.8	0.0	－1
埃克森美孚公司（Exxon Mobil）	0.9	3.3	6
德国			
思爱普公司（SAP）	0.8	1.6	8

① 当股票根据贝塔进行分类时，投资悖论也是存在的，尽管股票按波动率排序时，悖论会更为明显。为什么这会是一个悬而未决的研究问题呢？

（续表）

国家—公司名	贝塔	股息率（%）	52周股价变动率（%）
西门子公司（Siemens）	0.9	3.6	3
拜耳公司（Bayer）	1.0	2.9	-33
德国电信公司（Deutsche Telekom）	0.7	3.4	2
戴姆勒公司（Daimler）	1.5	5.3	-28
日本			
丰田汽车公司（Toyota Motor）	1.1	3.7	-34
都科摩公司（NTT Docomo）	0.6	2.6	23
日本烟草公司（Japan Tobacco）	0.9	2.6	-3
KDDI株式会社（KDDI Corp）	0.8	2.0	14
三菱日联金融集团（Mitsubishi UFJ）	1.6	3.4	-42
中国			
中国移动公司	0.5	3.3	-14
中国工商银行	1.4	6.8	-39
腾讯控股公司	1.1	0.3	9
中国石油公司	1.0	2.0	-42
中国建设银行	1.2	6.6	-36

每只股票都有相应的贝塔，围绕1上下变动。表10.1显示了股息率和52周股价变动率。如第8章所述，股息率①是公司向股东支付的每股股息占股价的百分比。与贝塔相反，该指标越高越好。52周股价变动率非常直接，简单衡量股票的趋势。当我们将这种趋势与其他股票趋势进行比较时，它被称为动量。我们使用1年的追溯

① 股息率通常是上市公司向股东支付收益的最大部分。由于大多数数据提供商会报告股息率，我们也用它作为衡量收益的最好指标。

期，因为它被普遍运用到大多数关于动量的研究中。相比短的追溯期（例如6个月），这一指标更稳定，能减少换手率。尽管如此，这一指标的波动性非常大，经常在1年后就完全变了。这意味着特别选定的52周股价变动率只是一个时间段的快照，主要用于展示说明，并不是用来做任何形式的投资推荐。

就这20只股票，我们可以看出什么呢？很多。我们首先关注美国的一只大股票：苹果。该股票的贝塔低于1，股息和动量为正（股价有向上的趋势），在这个时间点上表现稳定。表10.1中最好的低风险股票是什么？为了得到答案，只需检查每只股票的贝塔，并记住：小于1是好的。伯克希尔－哈撒韦股票的贝塔在1以下。除美国以外，中国移动的股票表现不错，贝塔为0.5，但这是一只保守型股票吗？也许，但不是在这个时候。该股票的股息率为3.3%，还不错，但它的动量呢？好吧，也没有那么差，但也不是正数。

现在我们再反过来看看，你们能发现这个表10.1中最有风险的股票吗？这很简单。三菱日联金融集团和戴姆勒公司的股票分别有1.6和1.5的高贝塔。这些有风险的股票有很好的股息，但动量显然是负的。由于高风险和较差的动量，这些股票不符合我们的3个标准。在这个时间点，它们可以被标记为“兔子”。如果你们以前买过这些股票，你们现在可能已经卖掉了它们，因为3个指标中有两个展示了负面信号。有两只日本股票看起来很有吸引力，在这个时间点，都科摩公司和KDDI株式会社的股票在3项指标上的得分都很好。

那么下一步做什么？我们是不是应该只关注这20家大公司的股票，仅基于它们的贝塔、股息率和动量来挑选最佳股票呢？不，我有一个更好的主意。不要只盯着这些最大的，我们来考虑股市中所有上市公司。

这样做有双重好处：首先，如果我们能囊括数以千计的股票，而不仅这 20 家大公司的股票，那么我们在每个国家找到一些有吸引力的股票的概率就会更高。其次，你们可以使用最新的股票信息来进行筛选。最后，你们将有足够的空间在任何你们喜欢的市场或行业里找到“乌龟”和“兔子”。

所以，如果你们不住在这 4 个国家也无须担心。即使你们生活在另一个国家，比如巴西、韩国或者荷兰，我会告诉你们如何建立一个保守型股票投资组合。既然现在我们已经知道了“乌龟”长什么样子，就来想想如何准确地抓住它们吧！

| 第 11 章 |

横挑竖拣，明智选股

如何才能捕捉到那些稳定的"乌龟"呢？如何才能找到正确的保守型股票放到我们的投资组合里呢？我们是否应该如第9章说的那样计算每只股票的风险、收益和动量，然后再进行排名？没错，理想化的做法正是这样，但这需要"一定量"的工作。不那么精细复杂，但省时省力的方法就是使用股票筛选器。

股票筛选器是投资者可以用来选择符合他们要求的股票的工具。它包含最新的市场数据且容易上手。你们只需给出你们感兴趣的股票特征以及想要投资的市场即可。例如，你们可以筛选出股息率高于4%的美国上市股票。股票筛选器将为你们提供符合这些标准的股票名单，这些股票筛选器很容易找到。虽然有些以独立软件的形式呈现，但大多数都是在线提供的。①

① 如果你们有在线经纪账户，则可以使用经纪人的股票筛选器。此外，网站 www. paradoxinvesting. com 提供不同的在线股票筛选器。

当你们要通过筛选来找到收益或动量良好的股票时，这些筛选器的表现还是相当不错的。寻找收益或动量良好的股票的投资者，可以在股票筛选器中获得丰富的指标，如变量或特征等信息。然而，对于寻找低贝塔或低波动率的低风险投资者，股票筛选器能提供的信息和帮助则非常有限。只有一些筛选器可以让你们根据贝塔来选股。股票筛选器不太注意股票风险特征的事实可能是低风险投资能成功的另一个原因。显然，绝大多数投资者并不太关注股票的风险，大多数股票筛选器也就不会在这方面提供多少帮助。

现在，回到筛选器，让我们开启一个好用的股票筛选引擎——谷歌股票筛选器。[①] 我选择使用这个筛选器有以下几个原因：首先，它简单易用。在其网站上，你们只要选择所需的几个过滤指标，设置正确的上限或下限（最小或最大标准），筛选器就会自动显示满足条件的公司。其次，它是一个国际股票筛选器。其他筛选器只关注美国股票市场，谷歌股票筛选器可以应用于任何股票市场。对于来自日本的投资者，你们可以选择日本市场，挑选出在日本股市交易得最好的保守型股票！再次，谷歌的数据覆盖范围非常广。例如，它的选股标准中包括了贝塔这个指标，并且它涵盖大量个股。最后，对一个像我这样精明的投资者来说，比较重要的一点是，它是免费的。准备好了吗？那么，我们开始选股吧（而且我会告诉你们如何明智地去做……）。

正如图 11.1 所示，在线工具使用起来很简单。在图 11.1 的上半部分，你们会注意到，筛选器初始窗口的选股范围包括在美国交易所上市的所有行业股票。如果你们希望将筛选范围缩小到特定国

① 可参考：https：//www. google. com/finance#stockscreener。

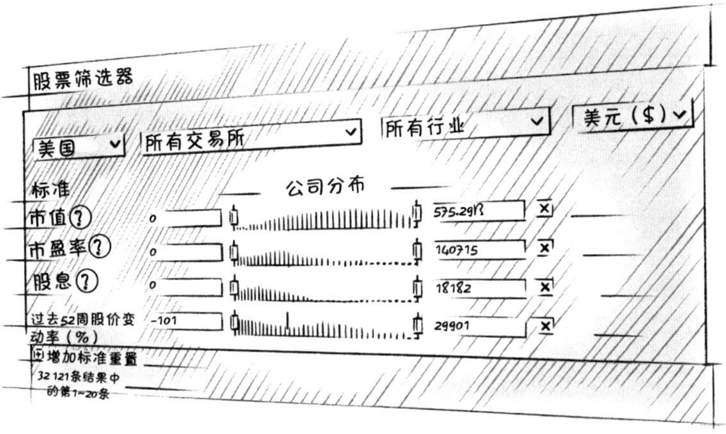

图 11.1　谷歌股票筛选器

注：版权所属：谷歌。

家或地区、交易所或行业，可以通过选择下拉框来做到。现在，让我们使用上面显示的标准化设置来进行选股。

谷歌列出了 4 个默认标准：市值、市盈率（P/E）、股息率和过去 52 周股价变动率。如果你们想知道每个标准是如何测量的，只需把鼠标移动到每个指标后的问号上即可得到答案。筛选器的初始状态并没有设定筛选值，所以每个标准的最小值和最大值都被自动设置成下限和上限。这样，筛选器列出了 32 000 多只股票，即整个美国股票市场。除了这 4 个标准，你们应该添加贝塔作为风险标准，放在股票指标之下，并将“最后收盘价”作为附加标准，以便可以过滤掉细价股。

选择了适当的标准来筛选保守型股票后，现在是我们调整设置的时候了。我们首先剔除所有细价股和贝塔高于平均水平的股票。如果我们把选股的最低价格设定为 1 美元，最大贝塔值设定为 1.0，那么股票数量将从 32 000 下降到 13 000。虽然股票数量减少了，但它仍然是一个很长的名单。因此，我们应该将“最小市值”也作为筛选标准以排除市值小的股票，即所谓的“微型股”（小盘股）。我们可以通过将市值过滤器的下限设为10亿美元来实现。结果，股票数量进一步下降到大约5 000只。[①] 只需点击几下鼠标和敲打几下键盘，我们就可把股票降到一个易于管理的数量了，但我们的任务还没有完成。

另外两个选股标准是收益和动量。第一，我们不能以“股份回购”作为过滤标准，所以我们将最低股息率设定为3%。具有这个水平的股息率的公司要么股价很低，要么就是将相当大一部分的利润分配给了股东。将股票市盈率的上限设置为30也是明智的做法，因为这相当于要求股票的收益率在3%以上。第二，我们对动量标准进行过滤，但是我们应该用哪种标准来衡量动量呢？在我们的模拟中，我们没有使用动量的绝对标准来进行股票筛选。我们对每只股票的1年期价格从高到低排序。方便起见，我们只需要把筛选标准设置为每只股票的过去52周股价变动率为正即可。[②] 换句话说，就是将动量的下限设置为0%。

因此，可以选择的股票数量进一步从约5 000只减少到约100只，这些剩余的股票就是具有良好上涨潜力的低风险股票。筛选器筛选出的公司会形成有趣的组合，且该组合将随时间而变化。一般

① 对于像公募基金经理这样的专业投资者来说，设置最低市值的过滤是非常重要的。大多数专业投资者需要确保他们所购买的股票易于交易，如具有高流动性的大盘股。如果你们投资组合的规模较小，可以稍微降低此标准的水平。

② 请注意，筛选器可以为你们找到的股票数量也取决于市场情况。例如，如果股市暴跌和大多数股票下跌了50%，那么你们可能会发现超过10亿美元门槛的公司变少。同样的原则适用于股票过去52周股价变动率。

来说，保守型行业中的保守性企业常常会出现，例如电信和公用事业股，但一些科技公司也将满足这些标准。使用筛选器来选股，也能有效避免我们的投资决策被我们的情绪所左右。筛选器对于特定股票没有任何偏见，而你们很可能会有，就让筛选出来的股票带给你们惊喜吧！筛选器中选出的公司并不总是相同，我建议你们自己试试，看看会找到什么。

谷歌股票筛选器的一个有趣功能是你们也可以将其应用于其他市场。这点上，它也是相当实用的，因为它让你们有机会购买来自不同国家的保守型股票，使你们的投资组合更多样化。[①] 例如，如果你们想要找日本的保守型股票，可以在顶部的下拉菜单中选择“日本”。你们可能必须调整某些条件的设置，以使其适合你们选择的国外市场。如果筛选器提供给你们选择的保守型股票数量较少，你们可以调整标准。如果你们想有一个更长的股票名单，你们可以调整“市值”、“股息率”或“动量”等标准。但我不建议调高“贝塔”的上限，因为降低风险是最重要的因子。要记住，我们想找保守型股票——提供有吸引力的收益和良好的动量的低风险股票。

在不同的国家寻找更多的“乌龟”是明智的，如果你们只在本国市场上投资几只股票，你们的投资组合将不够多样化。拥有分散多样化的投资组合是投资者应该注意的事情。我强调这些，是因为投资者的投资组合往往不够多样化，而这是一个普遍现象（和问题）。大多数投资者仅持有少数股票组成的集中性投资组合，大部分

---

① 投资悖论非常稳定而且存在于所有国际股票市场。2007 年，大卫·布利茨和我证明了低风险股票不仅在美国击败了高风险股票，在欧洲和日本也是如此。几年后的 2011 年，我们在 19 个新兴股票市场也发现和记录了类似的结果。另见本书第 16 章（《无处不在的投资悖论》）。

来自本国。这些投资组合有太多不必要的风险。由于多样化是投资者唯一可以享受的免费午餐，要想在餐厅拥有一席之地，最好投资更多的股票。我建议创建一个由至少 50 只来自不同行业和不同国家的股票组成的投资组合。如果你们可以创建一个更大的不超过 150 只股票的组合，那更好。因为当涉及建立保守型股票组合时，10 只股票太少，而 1 000 只则太多。所以，当你们开始选股时，请保持明智和投资组合的多样化。

我当然明白，个人投资者很难在这么多不同国外交易所中买卖股票，更不用说还要时刻关注每周都可能出现的，诸如兼并、股利分配、股票分割、收购等企业行为。投资组合也需要定期重新调整，因为股票特征会随时间而变化。频繁调仓能使投资组合中有最好的保守型股票，进而时刻保持状态。但是调仓越多，你们向券商经纪人支付的佣金就越多。为了平衡这些因子，投资者最好每季度或每半年调仓一次。当你们进行调仓时，请记住将卖出标准设定得比买入标准低很多，以节省交易成本！

现在你们知道该怎么做了！使用优良的股票筛选器，你们可以轻松地在你们选择的股票市场中挑选保守型股票。最困难的部分可能是管理投资组合本身。为了建立一个多样化的投资组合，你们应该投资许多不同的保守型股票，通过跨行业来实现多样化比通过跨市场来实现要容易一些。此外，你们不能只是“高枕无忧”，因为需要一直调整投资组合，同时控制交易成本。如果你们是一个狂热的个人股票投资者，你们喜欢这样的挑战，这可能是真正适合你们通往成功的道路。但如果你们不是，让专业人士管理你们的投资组合就是明智之举。现在，我们来探讨“高枕无忧”的投资方法吧！

| 第 12 章 |

高枕无忧

自己管理保守型股票组合可能是一个艰巨的挑战，因为你们一路需要做出许多决定。但是，如果你们选择让别人帮忙，就只需要做一个决定：将钱投入哪些投资工具。虽然这只是一个决定，但我相信你们会同意我的看法：这是一个重要的决定。但请不要担心，所有可供选择的方案之间的差异只是“好”和“更好”之间的差异，因为不存在真正差的低风险股票投资组合。尽管如此，在本章，我将解释如何做出正确的决定。

如果你们决定让其他人管理你们的投资组合，基本上你们有两个选择：选择一位追踪指数的基金经理或追求主动策略的基金经理。[①] 这两种选择都有自己的优势。

① 老实说，这种话“你们有两个选择”听起来像某些国家餐厅里的女服务员向我解释了所有可供选择的菜单选项。在现实中，被动和主动投资的世界不是黑白分明的，它们之间还有许多灰色地带。

一般来说，指数投资意味着你们的投资将根据特定指数组合进行管理，如标准普尔500指数或德国DAX 30指数。指数型基金旨在通过简单的复制来反映指数的表现特征，为了确保投资能跟踪特定指数的表现，大多数经理会创建一个与该指数相同的股票和权重的投资组合。投资指数型基金的成本往往低于投资主动管理型基金，且透明度较高。事实上，它是完全透明的。

但透明度也会是一个缺点，透明度太高并非好事。如果每个人都知道某个指数型基金要以相当大的数量购买某只股票，就会出现投机客提前一步进行抢先交易。事实上，这些投资工具提供了很大的透明度，以至于市场上的每个人都可以弄清楚哪些交易将会发生。这可能会给跟踪公开指数的投资者带来损失，尤其是成分股每年都会有显著调整的热门指数。

指数的透明度这个弱点可能是导致投资者选择主动型非透明策略的原因。你们的投资组合的变化将得到保护而不受“掠食的”交易者所侵害。另外，如果你们购买一只指数型基金，你们往往只需要支付较低的费用。

因此，如果你们想将低风险投资组合交给投资经理管理，你们有以下两个选择：跟踪公开的指数或投资自主开发的主动策略。我们首先探讨低风险指数跟踪投资的可能性。

低风险指数可以让你们接触到一篮子约100～300只低风险股票。这些指数通常由交易型开放式指数基金（ETF）跟踪，有时也被被动型公募基金所跟踪，两者均可称为指数基金。由于这些在交易所交易的基金在交易所上市，你们可以随时轻松交易，并且无须投入大笔资金即可获得低风险指数的投资组合。它们也为你们节省了自己管理100多只股票的麻烦。鉴于其适度的收费，它们似乎对于寻求透明管理的低波动率策略的投资者来说是一个较好选择。另外，它们很容易找到。

正如你们可以使用股票筛选器来找到低风险股票一样，你们可以应用 ETF 筛选器选择正确的低风险 ETF。大多数在线经纪人提供这些工具来帮助你们在 ETF 丛林中找到自己想要的基金。还有无数网站可以让你们对低风险 ETF 进行筛选。①

交易型开放式指数基金数据库（ETFdb）有一个任何人都可以访问而且易于使用的筛选器。网站列出了 1 200 多只不同的股票型 ETFs。我们可以根据资产管理规模大小、投资策略、投资地域、行业或投资风格等参数进一步过滤筛选。如果要筛选出所有在美国上市的低波动率 ETFs，你们只需在 ETFdb 网站的最后一个输入框（投资风格）中输入“低波动率”即可。

这样操作，筛选器将选出超过 40 种不同的投资工具供寻找低波动率 ETFs 的投资者选择。这个数字多年来一直在增加，也为客户提供了更多的选择。所有符合要求的 ETFs 都将显示在 ETFdb 网页底部的概述中。图 12.1 提供了一个 ETF 筛选器的快照。

该筛选器根据规模（资产以百万美元计算）对所有 ETFs 进行排序。大部分 ETFs 模拟了两个低风险指数：摩根士丹利资本国际公司最小波动率指数（MSCI Minimum Volatility Index）和标准普尔低波动率指数（S&P Low Volatility Index）。这些最小波动率和低波动率指数在不同市场上有不同版本：从“仅限美国”到欧洲股票，从全球发达市场到新兴市场，从中小型股到标准普尔 500 分股。

---

① 有关筛选器的概述，请参见 www.paradoxinvesting.com 上提供的不同 ETF 筛选网站的评价。

图 12.1 在交易型开放式指数基金数据库筛选器中筛选低波动率 ETFs

资料来源：交易型开放式指数基金数据库网站。

那么，我们应该关注哪些 ETFs？由于我们的目标是找到一种让我们接触低风险股票的工具，为什么我们不看看两只最受欢迎的指数型基金呢？这两只数十亿规模的基金跟踪两种不同的低风险指数。它们的代码是 SPLV 和 USMV。

第一，标准普尔 500 低波动率投资组合（SPLV）跟踪低波动指数。它衡量标准普尔 500 指数中所有股票的 1 年期波动率，并从低到高排名，然后购买波动率最低的 100 只股票。每个季度该指数都将进行调仓，不再符合此标准的股票将被取代，股票的平均持有期为两年。是不是很简单？这个 ETF 真的提供了一个非常直接和简单的创建低波动率投资组合的方法，但也许你们倾向于更复杂的？

第二，安硕明晟美国最小波动率 ETF（USMV）追踪的是另一个指数，而这个指数的名称已经在这个基金的名字中有所反映。构成该指数的方法比 SPLV 的简单排名方法复杂。该指数的起点是摩根士丹利资本国际公司美国指数（MSCI USA Index），它由 600 只大中盘股组成。基金的构建者使用统计优化器，通过一种算法从这 600 只股票中构建低波动率投资组合。优化器不仅在股票单独的波动率的基础上进行选择，还考虑该股票对投资组合总体波动率的影响。该指数每年调仓两次，股票的平均持有期为 5 年。指数中股票的数量大约是 170 只。由于很难确认此统计优化器构建指数的原因和逻辑，所以有些人将这个统计优化器所使用的算法称为如图 12.2 所示的“黑匣子”。

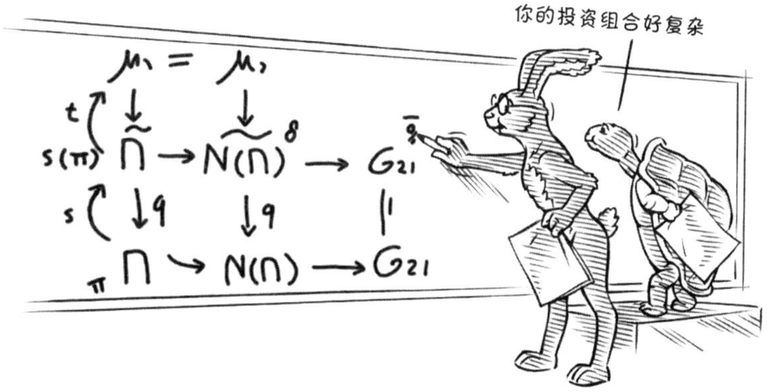

图 12.2　一个使用复杂算法的统计优化器

一般来说，SPLV 使用风险排序方式来选股，简洁直观。USMV 则复杂些，但其组合在不同行业和公司之间的投资更为多元分散。但是，两者都没有考虑收益或股价动量。回顾第 9 章可以看出，只有遵循投资的三数法则（风险、收益和动量特征），才能实现财富的创造。差了收益和动量的考量，年回报率就会相差 3%。想得更糟一些，有些低波动率股票的收益较低和动量较弱，那么差距可能就不止3%。所以，购买低波动率指数基金时，请不要忘了这个三数法则。

被动型指数基金的替代方案是自主研发的主动型投资策略。主动的低波动率管理者有自由和充分的裁量权来选择他们认为最好的具有上涨潜力的低风险股票。大多数人使用学术研究成果来选择股票，通常包括收益的相关因子，有时也包括动量因子。他们常常会在自己的网站或新闻简报上对投资策略进行一些解释，但并非完全透明。

为了找到一位优秀的主动型低波动率策略基金经理，你们也可以向投资顾问或像晨星公司（Morningstar）这样的专业投资咨询者寻求帮助。大多数投资顾问都密切关注经理的投资理念和投资流程，以及投资团队的专业性和低波动率策略的表现。

有一点我需要声明：当然，作为一系列低风险基金的经理，我的立场会有偏向性。那么，敞开心扉来说，荷宝在2006年开始提供低波幅股票策略（Conservative Equity）基金，所使用的选股流程与本书所讨论的流程相似，但还是有几点不同，特别是在实际操作阶段。当我告诉你们这个低风险的策略比其他主动型基金和被动型指数基金要好的时候，我猜你们会笑而不语。请相信我，但不要盲目相信我说的话，而是试着带一颗批判的心去自己做决定。

我们来看市场上现有的一些主动的低风险股票基金。我在表12.1中列出了由经验丰富的基金经理人管理的七大低波动基金。这些投资团队至少有10年的经验，并且都管理着数十亿美元资金。基金名称有所不同，但通常都可回归到“低风险”的本意。

表 12.1　7 个经验丰富的大型低风险股权资产管理公司①

策略名称	资产管理公司	公司所在地
低波幅股票策略	荷宝	荷兰鹿特丹
低波动率策略 (Low Volatility)	安那利提克斯投资公司 (Analytic Investors)	美国洛杉矶
波动率管控策略 (Managed Volatility)	阿凯迪恩基金管理公司 (Acadian)	美国波士顿
最小方差策略 (Minimum Variance)	乌尼杰雄投资公司 (Unigestion)	瑞士日内瓦
最小风险股票策略 (MinRisk Equities)	科尼安投资公司 (Quoniam)	德国法兰克福
稳定股票策略 (Stable Equities)	北欧诺底亚资产管理公司 (Nordea)	丹麦哥本哈根
结构化股权策略 (Structured Equity)	景顺资产管理公司 (Invesco)	德国法兰克福

正如你们所看到的，低风险投资似乎是一个“欧洲特色”。7 个基金公司中有 5 个来自欧洲。尽管表 12.1 中没有展示出来，北欧、荷兰和瑞士的低波动率基金管理公司在管理资产方面占据了前三名。②

晨星网站可以搜索 ETFs，也可用于搜索和比较不同的主动管理基金。它的业务遍布全球，并针对具体国家提供多种语言服务。它的网站显示了共同基金的很多细节信息，对于注册用户，还提供详

① 更多图表可参考：www. paradoxinvesting. com。

② 有趣的是，这 3 个地方在人类发展指数（HDI）中的得分也是最高的。这是因为它们注重培养谨慎的文化，还只是巧合？不，我还不能太快得出结论。

细的基金报告。我通常使用它的荷兰版网站。用它，你们可以轻松找到私人投资者可用的投资策略，虽然它涵盖了大量基金（在荷兰网站上可以找到大约30 000只基金），但是找表12.1中提到的资产管理公司的低波动率基金是相当容易的。你们只需在晨星网站顶部的搜索框中输入基金名称，就可以找到正确的基金。

为了更好地说明被动型策略和主动型策略，我分析了两个最受欢迎的新兴市场被动型策略和两个最受欢迎的新兴市场主动型策略。表12.2所示的4个策略都有超过10亿美元的资产规模，因此它们有着庞大的客户群。它们都是在2010年5月至2012年1月期间推出的，都有共同的风险特征。晨星公司认为这些基金的3年期波动率和3年期贝塔的变化很相似，它们都低于市场的波动率和贝塔系数。主动型的管理费高于被动型，这也是重要的考虑因子。但在计算基金业绩的时候，我们往往是扣除了所有费用，以便公平比较。主动型策略的股息率高于被动型策略，以市盈率来衡量估值，主动型策略的经理似乎选择了正确的股票。

表12.2　4个新兴市场的低波动率策略

策略名称	策略类型	成立日
安硕新兴市场最小波动率	被动型	2011年10月
Powershares S&P 新兴市场低波动	被动型	2012年1月
荷宝新兴市场低波幅股票	主动型	2011年2月
Unigestion-Global Equities 新兴市场	主动型	2010年5月

现在，暂停一下，因为有些事我需要向你们坦白。

是的，我的确需要坦白一些事情。当我说你们可以“高枕无忧”，让别人管理你们的低波动率或保守的股票投资组合的时候，我也许有点儿太随意了。当你们选择被动型基金或让主动型投资经理管理你们的资金时，你们也不能对此投资组合置之不理。大多数基金经理会把工作做得很好，但每隔一段时间，你们需要检查一下他们做得怎么样、业绩如何等。你们也可以设置自己的搜索引擎，当投资的基金出现在新闻中时，你们会收到提醒。[①] 这将有助于你们以轻松的方式更好地监控你们投资的基金。

更重要的是，你们不仅需要选择正确的，能区分低风险股票的基金经理，还需要设法确定这位基金经理是否有足够的耐心。想知道我接下来要讲什么吗？我敢打赌，你们肯定感兴趣。你们显然还在读这本书，那么不妨翻到下一章，这样我们就可以把重点放在耐心这一传统美德上。

---

① 例如：谷歌快讯（Google Alerts）（www.google.com/alerts）。

| 第 13 章 |

少点儿交易，多点儿耐心

无论你们是自己构建低风险股票投资组合，还是将资金投入低风险基金中，至少需要进行一些交易才能买入正确的股票。然而，交易就有成本，所以交易本身对于你们和我这样的投资者而言就是不划算的。从这个角度来说，要是我们根本不用交易，那该多好！

试想：即使我们不需要支付任何交易成本或管理费用，主动型管理基金仍然是零和游戏。你们的收益是别人的损失，反之亦然。美国投资者和企业家约翰·博格（John Bogle）以向投资大众解释零和游戏而闻名，并敦促他们停止交易，被动地买入和持有市场指数。这样做不仅节省了交易成本，而且降低了主动投资管理中涉及的其他成本。博格是正确的，因为平均来说，交易成本是长期财富的“消耗者”，耐心等待是有回报的。随着被动投资的增加，他的建议正在被越来越多的投资者所追捧，他创立的公司也成了当今世界最大的资产管理公司之一。

尽管被动投资有所增加，但我们在股票上的交易仍然过于频繁，太频繁了。更重要的是，每一个 10 年，我们似乎都比上个 10 年交易更多。在 20 世纪 40 年代至 70 年代的低换手率之后，自 20 世纪 90 年代以来，股票的年均换手率已经高于 100%。目前的股票换手率意味着投资者持仓时间平均不到 1 年。图 13.1 来自肯尼思·弗伦奇（Kenneth French）于 2008 年发表的学术文章，显示了美国股票的年换手率在上升。正如你们所看到的，“咆哮的 20 世纪 20 年代”的频繁交易终止于 1929 年的市场崩溃。20 世纪 30 年代的大萧条标志着交易行为的变化，并持续了数十年之久。20 世纪 50 年代的良性“低交易文化”在 20 世纪 80 年代的牛市开始时消失。

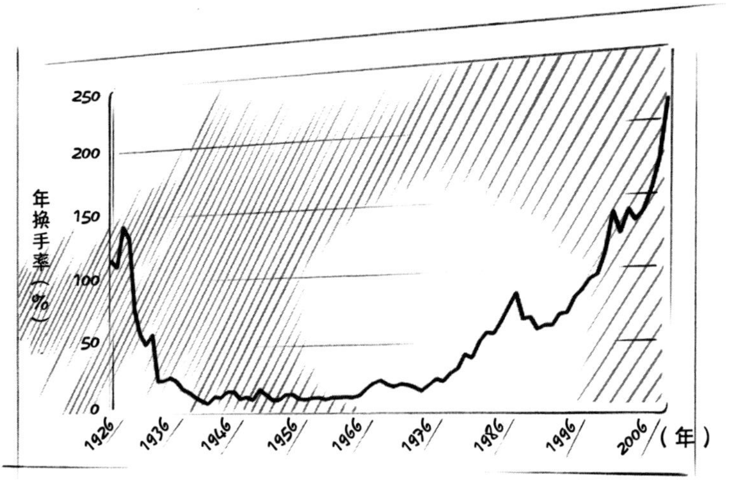

图 13.1　1926—2007 年美国股票年换手率

但这为什么是一个问题呢？现在的交易不是很便宜吗？是的，电子交易的兴起使单笔交易的成本降低了很多，大多数交易不再昂贵。然而，20 世纪的公式“交易 = 成本”在 21 世纪仍然成立，所有这些过度的交易对我们和社会都是昂贵的。只有券商经纪人能从我们的集体行为中获利。浪费在过度交易中的钱也可以有更好的用途，如扶贫、保健、教育或购买一辆漂亮的汽车。

但我不想告诉你们错误的看法，当然，我们确实需要一些交易，因为它有助于确保我们的投资组合包含最好的低风险股票。对社会而言，适当的交易能确保市场的正常运作。但就像生活中许多其他的事情一样，好东西太多也会物极必反，所以应该避免过度交易。也可以说，黄金分割法也适用于耐心和交易：如果你们的耐心过头而完全停止交易，你们就会变得保守而被动；如果你们没有耐心，你们又可能会过度交易。

但为什么，到底为什么我们都如此频繁交易？是因为它变得如此便宜才这样做吗？廉价的电子交易使成本明显降低，在其中起到了一定的作用。然而，在20世纪20年代，交易成本高得多的时候，换手率也在100%以上。所以，交易成本似乎不是我们交易行为的唯一决定因素。

相关学术文献指出，过度交易可能与过度自信有关。如果你们认为你们的自信比平均水平更好，而实际上你们低于平均水平，那么你们可能被归类为过度自信的人。根据平均的定义，大家的自信不可能全都高于平均水平。有些人会，但有些人不会。在一项著名的研究中，93%的美国司机认为他们高于平均水平。[①]

美国金融学教授泰伦斯·奥迪恩（Terrance Odean）分析了10 000名投资者的经纪账户数据，发现这些账户中都进行了过度交易。他将交易量与过度自信、性别联系起来。有趣的是，他表明，女性投资者的表现比男性投资者更好。事实上，女性似乎的确略高

① 另见奥拉·斯文森（Ola Svenson）的研究（1981年2月）：“比起我们的同事司机，是否我们的危险性更低，而技巧性更高呢？”

一筹。①

你们知道为什么吗？女性并不是在交易上更有水平。若不计任何交易成本，她们的投资表现与男性一致。换句话说：如果交易成本不存在，两性都会显示相同的结果。然而，仅仅是因为女性的交易少于男性，这就有了交易成本下降和更高的回报。因为我们似乎都喜欢这些关于男性和女性的研究，所以这种性别差异现象在学术圈外也常常是热门话题。

过度自信可能和被称为“睾丸酮”的一种激素有关，在此我分享一个个人经历。2015 年，我进行了生物金融研究，并在 52 名男性投资专业人士中测试了睾丸酮与过度自信的关系。这是一件很有趣的事情，因为我们提取了他们的唾液样本。在这里暂停一下，试着想象一下那个场景。50 多个西装革履的男人朝着小型塑料管吐唾液。这些唾液直接被冷冻并送到德国某个实验室进行分析。结果怎么样？几乎所有的睾丸酮水平较高的男性都过度自信，而那些水平较低的男性则较少有这种骄傲。鉴于这些信息，你们可能需要注意你们选择的基金经理是否有大力水手的特征！②

除了这些激素效应外，专业基金管理的激励结构也可能引起过度交易。基金经理的过度交易可能是因为他们的客户不能区分“主动地”无为而治和“简单地”无所事事。即使他们设法控制住自己的激素，基金经理仍然可能过度交易，只是为了向客户和老板展示他们没有闲着，以获得较高的管理费用。

---

① 另见布拉德·巴伯（Brad Barber）和泰伦斯·奥迪恩 2001 年的《经济学季刊》（*Quarterly Journal of Economics*）中的文章《男孩将成为男孩：性别、过度自信和普通股票投资》（*Boys Will Be Boys*：*Gender*，*Overconfidence*，*and Common Stock Investment*）。

② 大力水手这个卡通人物被认为过度自信。——译者注

专业管理的资产规模的扩大只会放大这个问题，与交易成本的降低相结合，这可能解释了过去几十年来交易的增多原因。人们可能认为过度自信是非理性的行为，因为它会导致更低的净回报。事实上，这是一个负面反馈机制，因为如果你们过度交易，这么做的结果是显而易见的。但是，从基金经理的角度来看，即使过度交易为客户带来更糟糕的结果，却可能比减少交易让人感觉他具有良好的投资技能。

鉴于这些原因，我们是否应该遵循博格的建议并停止交易呢？鉴于过度交易影响回报，并且是由于人类的偏见或共同基金行业的激励结构造成的，所以你们可能会理所当然地认为停止交易是更好的选择。毕竟，买入并长期持有策略的主要优点之一是交易成本降低到几乎为零，成本和管理费用较低，同时流动性和透明度也很高。这些因子可能解释了投资于被动型市值加权策略的资金规模稳步扩大的原因：收费降低、交易成本降低、透明度最高。

然而，被动买入并持有指数成分股的投资前提是股市是完全有效的。另一个悖论是：如果每个人都试图被动投资，市场会因为没有定价而变得非常低效。交易的发生使投资者知道任何一只股票的价值是什么。交易是必要的，它能确保公平的价格和资本在市场经济中的有效配置。

所以，如果一个投资者购买一只被动型市场指数基金，他也就假设市场是完全有效的，但市场本身并非如此。高风险股票回报低，所以这些股票不应该出现在你们的投资组合里。事实上，它们对你们的财富是不利的。因此，不管你们是创建了自己的股票投资组合，还是投资低风险指数基金或主动型低风险基金，都需要进行一些交易来使你们投资正确的股票。但是，“正确”的换手率是多少呢？我的同事和我对此也有所研究，你们应该也不会对此感到奇怪。我们发现每年30%的换手率已经足够了，而这远远低于当今市场的观测值，甚至低于被认为是“被动”但仍需要大量交易的一些低波动率指数的换手率。所以，你们需要按照亚里士多德的黄金法则来进行交易：少交易。

“中庸先生”亚里士多德说：“避免极端情况。”

事实上，最好的公募基金经理是那些观点显明，但耐心执行的人。一般来说，基金的平均回报，在扣除费用后通常会跑输市场，这不是一个令人放心的事实。对于基金经理来说，这是一个难以接受的真相。然而，还是有一些基金经理在整体上表现得比同行更好。克雷姆斯（Cremers）教授发现，最有耐心和适度活跃的公募基金经理每年能够超过同行和参照基准约2%。有趣的是，他们的账户里有大量估值诱人的低风险股票。听起来很熟悉吗？我们不仅在交易时需要有耐心，在坚持投资理念时，同样需要耐心。你们需要坚持不懈的精神来赢得最大的胜利！

| 第 14 章 |

最大的胜利

既然我们已经说明了“条条大路通罗马”的道理，还剩下什么可以谈呢？嗯，实际上很多。勾勒出通向罗马（成功）的道路是一回事，能够承受旅途中遇到的所有挑战又是另外一回事。将时间投入旅程本身，而不仅仅是目的地也许更为重要。因为，无论你们是决定自己建立一个保守型股票投资组合，还是选择一只低波动率基金，成功的唯一方法就是不管处于何种境地，都坚持自己的做法。这很重要，因为你们需要长期投资才能获得保守型股票投资的回报。请记住：保守型股票投资为你们提供了长远的，有时可能是“孤独的财富之路”，而不是快速的“由穷变富”的解决方案。那么，在前进的道路上，你们可以期待什么呢？

个人经验绝对有助于你们更好地了解“美、信仰或风险”等抽象概念。19 世纪的丹麦哲学家索伦·克尔恺郭尔（Soren Kierkegaard）强调在讨论真理时经验的重要性。在股市风险方面，我相信你们必须有所经历，才能有所理解。风险是一个抽象概念，你们可以思考，或者做一些计算。但即使你们在处理风险方面有经验，风险还会影响你们更深层次的情感。归根到底，影响你们行为的是思想和情感的结合。那么，我们如何才能知道这种投资保险型股票的真实感受以及它会如何影响你们的行为呢？我们来看看你们在“钱途”上可能会遇到的一些挑战。①

当需要预测将来可能遇到的情况时，历史可以是一个很好的指南。马克·吐温（Mark Twain）曾经说过，历史不会重演，但总是惊人的相似。因此，我想分享我在管理保守型股票策略方面的经验，并将利用3种市场情况来说明这一点。如果投资低于平均风险的股票，你们将遇到这3种情况。第1种是所有投资者最害怕的情况：熊市。我们来定义这个黑暗时期，在这些年份，一般股票都会下跌，投资者开始质疑他们当初为什么要进股市。第2种情况是在温和的市场环境中股价上涨，但1年不超过15%。第3种情况是最喜人的，就是股票的年回报率超过15%的牛市。这些情况都是你们作为投资者感到最自豪的时候！

知道这3种情况可以让你们了解在未来的道路上可能遇到的问题。正如我们1929年以来的股票市场数据库显示，历史上这3种情况发生的概率相同。让我们来看图14.1，3种情况下保守型股票的表现如何。

如果你们认为投资保守型股票是一个滴水不漏的保险策略，能使你们在熊市时免遭任何损失，那么图14.1清楚地证明了你们是错的。在熊市时保守型股票也遭受了损失，下跌5.2%。虽然不是

---

① 约翰·布尼恩（John Bunyan）的《朝圣者的进步》（*A Pilgrim's Progress*）一书是1678年的基督教寓言。这本书描述了一个旅行者在朝圣的道路上面临的许多人性的挑战，深深影响了英美文化。我认为它与低风险投资者的“朝圣之旅”之间有许多相似之处。

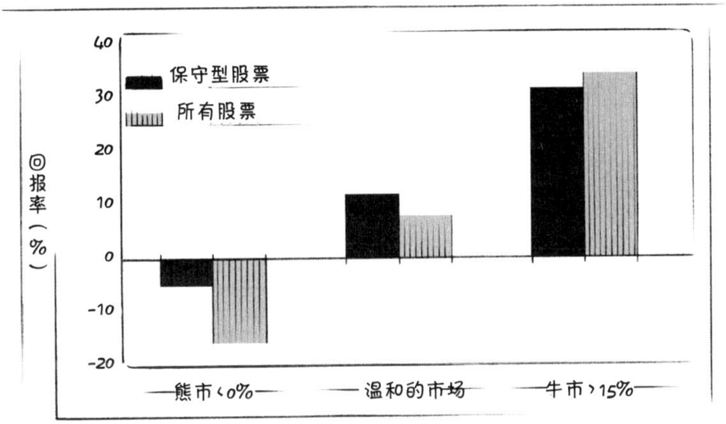

图 14.1　保守型股票在熊市时亏损得较少，而在牛市时也上涨得比大盘少

“岿然不动”，但保守型股票似乎至少是扛跌的，因为大盘的股价下跌了 15.8%。保守型股票确实为你们提供了熊市时的避风港，因为它有助于控制损失。

这种熊市情况会给你们带来复杂的感觉。一方面，在这种恶劣的情况下，你们对自己选择了保守型股票的决定感到满意，因为这个决定保护了你们。另一方面，你们确实损失了一些钱。万无一失的策略就是出售股票，这样你们可以避免任何的损失。你们可能会觉得遗憾，看到自己的朋友或同事万分痛苦，而你们反而觉得开心，这也不是很好。在德语中，有一个词“schadenfreude”（幸灾乐祸），意思是在别人痛苦时感到快乐。此外，在熊市时，人们不会过多谈论股市。他们倾向于沉默，而少数人可能会吹嘘他们如何预料到这种情况的发生，并在正确的时刻出售自己所有的股票这一辉煌的举措。底线是：尽管你们的股票有相对不错的表现，也没必要在别人困境时吹嘘自己的收获。

对投资者来说，幸运的是熊市不会永远持续，“风雨过后见彩虹”。温和的市场出现了，在这时，你们将不会对保守型股票感到满意或不满意，因为它的回报与市场整体回报一样好。承受股票市场的风险，你们也会获得回报。对这一点，你们可以接受。

对这两种随机出现的情况，你们没有感到兴奋，你们的感受是复杂的。但是，我可以向你们保证，当牛市出现时，你们每一个人开始觉得自己是赢家，你们的心情就会改变。在这样的时候，当所有投资者都庆祝超过 15% 的较高市场回报率时，你们可能会感觉自己像一个输家。

不要误会：作为一个保守型股票投资组合的投资者，平均来说，你们在牛市 1 年的盈利将超过 30%。但是，这会落后于市场。是的，它的表现比普通股票要差。更有甚者，当股票似乎只有上涨，当承担风险后总得到充分回报的时候，你们正持有一袋无聊的低风险股票。试想一下：当你们遇到同事、朋友或家人开始谈论他们在股市中的巨大成功时，你们将不得不承认自己是一个紧抓保守型股票投资组合的逃避风险的人。哦，大多数投资者甚至不会让你们解释完低风险投资的长期收益，而只会为你们感到遗憾，说“你真可怜”。

最大的挑战是在看涨期坚持你们的策略。如果你们做到了，那就是了不起的成就。然而，当很多投资者都享受着高风险投资带来的刺激时，紧握保守型股票策略是一件艰难而孤单的事情。好消息是，我们已经通过在战略中加入动量因子来限制这种痛苦。正如我们在前面所看到的，将动量与收益一起考虑，年平均回报率会提高 3%。这个回报大部分来自“会给保守型投资者带来痛苦”的牛市。没有应用三数法则的保守型股票将会减少 10% 的回报。这个 10% 的“止痛药”可能是坚持还是放弃这一策略的重点。

2009 年的市场表现被证明是一个很好的例子。从 3 月份开始，市场开始强劲复苏，并持续到年底。如果你们在那一年坚持保守型股票投资组合，你们的回报率只会是 8%。而在同一时期，市场回报率为 30%。换句话说，通过坚持保守型股票投资组合，你们不得不放弃赚取 22% 回报的机会。2010 年，我记得一名担任首席财务官（CFO）的客户一边回顾 2009 年的股票表现，一边说："为什么去年养老基金中有这些保守型股票？"

现在老实地想想，看看镜子里的自己。在这样的情况下，你们会做什么？你们会坚持那个无聊、低风险的投资组合，还是卖掉这些股票并采用另一种投资方法？你们会去找一种能在类似 2009 年这样的环境下表现得比较好的投资策略吗？困难的抉择，不是吗？我不得不承认，我记得我当时有这样的遗憾。

因此，你们一定会在前方的路上感到一些痛苦。不过，俗话说，"没有疼痛就没有收获"。这在体育运动和投资方面都是成立的。从我自己的经验来看，我可以确定保守型股票投资是令人痛苦的，有时我称其为"累垮的交易"：没啥可兴奋的状况，只有让人经常感受到的遗憾。所以，我可以告诉你们，这是一场艰苦的战斗。但是，如果这些伟大的长期回报可以毫无痛苦地实现，我想悖论是否一开始就会存在？那么你们应该怎么做才能用这种投资方法，并持之以恒呢？

你们必须明白，保守型股票真的会在终点领先，但这仅出现在较长的投资期限内。这是真的：没有短期的痛苦，就没有长期的收益。你们必须把目光放长远，保持信念并坚持下去。当你们后退一步，反观长期的成果，你们会开始微笑。从这个角度来看，延长你们的投资期限，并把目光放长远，能减轻你们的痛苦。每天查看低风险股票投资组合的结果是可以的，但是评估的频率越低，你们的回报会更好，这样做让你们更安心，并且助你们入眠。

但这个期限应该要多久呢？别担心，你们不需要近一个世纪的耐心来获得这些结果。在经历了由熊市、温和的市场和牛市组成的一个完整投资周期之后，优异的长期回报就会开始显现。这一周期平均为 7 年。[①] 通过给予自己这样的投资期限，你们将能够保持专注，而不会被自己的感觉和情绪分心。在周期结束时，你们将意识到，尽管在陡峭的牛市时，回报落后于整体市场，但由于在熊市时损失较少，你们的投资回报仍然排名靠前。只有亲身经历一个完整的周期，你们才能够完全理解这些话：保守型股票赢在输得更少。

只要看一下我们手上覆盖 80 多年的大数据，研究一下多年期投资亏钱的风险，你们就会放心多了。任何 1 年期，股票市场上亏损的风险约为 30%；5 年期，风险下降至 10%。股市投资的支持者经常强调这个事实，现在情况变得更好了。请看图 14.2，以 1 年为投资期限，当你们投资保守型股票时，亏损的风险就会降低到不到 20%，而到了 5 年期时，风险就会下降到只有 1%。所以实际上，相比普通股票，保守型股票需要更少的耐心。[②] 这也是一个令人安慰的考虑，不是吗？

我猜，你们现在明白了，一个保守型股票投资组合真的不能为你们提供快速而直接的致富之路，而且持有它可能会变成一个相当痛苦的经历。在这次旅程中，作为保守型股票投资者，你们的性格和脾气将在许多场合被考验。我想强调的是，没有经历过，真的很

---

① 商业周期的长短没有确切的定义，但通常使用朱格拉（Juglar）的 7 ~ 11 年的固定投资周期。根据希伯来的说法，约瑟夫（Joseph）正确地预测了公元前 1800 年埃及的 7 年农业周期，并采取了行动，使其家人免受饥饿之灾。

② 对于年老的投资者来说，保守型股票比大盘更有吸引力，因为他们没有多少时间用来弥补他们的投资损失。

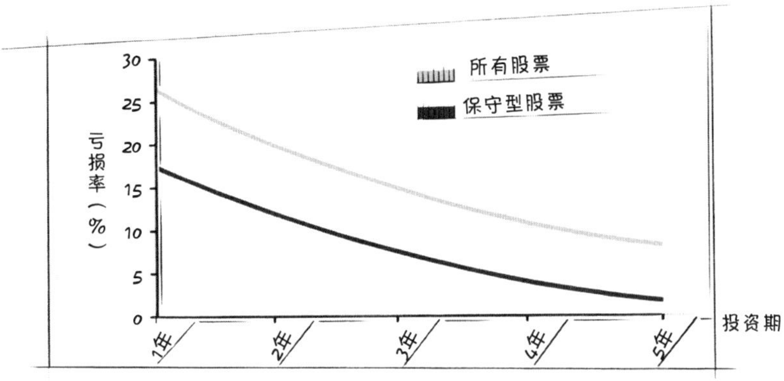

图 14.2　保守型股票：持有时间越长，亏损的可能性越小

难拥有这种智慧。但是，如果你们终于到达了目的地，通过投资保守型股票变得更富有，那么你们应该非常感激它。也要感谢自己，因为你们已经取得了最大的胜利：征服了自己。

索伦·克尔恺郭尔：“通过个人经历去探索真理。”

| 第 15 章 |

黄金法则

经典的至理名言能帮助我们做出更好的投资决策吗？美德能否带来利润？是的，这是一些发人深省的问题。我认为这些问题的答案也许是“能”。研究什么是“正确的”行为以及什么是“错误的”行为的伦理学可以帮助我们形成一个更好的观点，可以解放我们，引导我们做出正确的决策。

在我分享如何应用伦理学于投资领域之前，我需要强调经济学的其他一些东西。虽然有些人会感到吃惊，但经济学对人与人性的研究远远超过其对数字的研究。其实，它是一门社会科学，为什么呢？经济学家研究人类如何为自己的福利而决策。几百年来，人类有良知也有是非观。[①] 从这个角度来看，人类为了追求福利而做的经济决定取决于他们的道德选择。事实上，最早的经济学家，如亚

① 托马斯·塞德拉斯克（Tomas Sedlacek）在他的畅销书《善恶经济学》（*Economics of Good and Evil*）中，通过伦理学的视角，增强了经济史的可读性。

当·斯密（Adam Smith），就是伦理学家。换句话说：没有伦理学，经济学就不可能存在。任何经济目标，无论是利润、销售额还是财富的最大化，都有伦理的基础。今天，很多人都熟悉亚当·斯密的想法，特别是他在《国富论》（*Wealth of Nations*）中所表达的观点。在另一本书《道德情操论》（*Moral Sentiments*）中，他讨论了人类在“欲望”和“良心”之间的斗争。根据英国20世纪经济学家凯恩斯（Keynes）的说法，这些欲望与我们的“动物性”直接相关并推动市场发展。那么，为什么我要告诉你们伦理学与经济学之间的联系呢？

原因是，研究经典伦理学的智慧可以帮助我们驯服我们的动物性，让我们成为更好的股市投资者。冒着把你们弄糊涂的风险，在此我要介绍另一位哲学家——公元前4世纪的中国哲学家孔子。

这名智者说：“己所不欲，勿施于人。”这种伦理规则也出现在古埃及的著作中，并且在西方世界以“爱邻如爱己”这种正向的形式而闻名。这个说法在西方世界是众所周知的，这并不奇怪。公元前1世纪的犹太人领袖希勒尔（Hillel）用这句话概括了犹太教。通过耶稣（Jesus）的教导，特别是通过他的一生，展现了激进的同情心所带来的解放作用。① 此外，这条黄金法则可以在公元前8世纪的古代印度著作中找到，并且对印度教和伊斯兰教也起到了重要的作用。最后，无论是不可知论、无神论还是神学，所有现代哲学家都强调了黄金法则的重要性。换句话说，所有的思想家似乎都同意这个观点。

---

① 2013年，《泰晤士报》（*Times*）将耶稣选为有史以来最有影响力的人。当你仔细考虑的时候，你会觉得这相当矛盾。他的一生相对较短，对于爱的激进观点使他在活着的时候既不知名，也不受掌权者的欢迎。他提醒说，对财富、权力甚至宗教本身的爱都可能违反黄金法则。

现在我们来看看经济学。经济学模型与上述伦理学有共同点：它们基于一个基本假设。这是一个简单的准则：人们喜欢更多的财富。一旦缺乏限制，健康的财富愿望也会变得不健康。例如，出于占有的目的，你们想得到超过实际需要的东西或钱。亚里士多德已经指出，太多的好东西，往往变得糟糕。在英语中，对财富不知足地追求被称为“贪婪”，一般认为这在道德上是错误的。然而，对财富有适度的欲望并没有错。例如，一个贫穷的农民想赚更多的钱来送孩子上学并非不道德。所以，偏好更多而不是更少财富本身并非道德错误，只有极端形式时才会变成错误的东西。从道德角度看，这个重要的经济假设并不违反黄金法则。

然而，一些最近提出的经济学模型是基于另一个有趣的假设：人们喜欢比其他人拥有更多的财富。这在道德上是错误的吗？有可能。在某些情况下，尽管一个人的绝对财富水平很高，但比较和嫉妒可能会给他带来严重的负面情绪（他的法拉利有一个金色的发动机罩，而我的只是银色的）。

这种暗藏的情绪是可以理解的，但在经济学模型的框架下，这在伦理上是错误的，为什么？因为它违反了黄金伦理守则。如果你们只因为别人做得比你们差而更快乐，那么你们的道德水准可就不怎么站得住脚。反过来也是如此：如果你们邻居的财富让你们不快乐，那么你们也违反了黄金伦理守则。所有的伦理学都警告人们远离这样的邪恶。即使适可而止，嫉妒和羡慕也不好。“中庸先生”亚里士多德也谴责嫉妒。

回到金融经济学。最著名的金融经济学模型之一是 1990 年获得诺贝尔奖的资本资产定价模型，这是预测风险与回报之间呈正相关和线性关系的模型。我会省略所有细节，这个模型对人们的行为做了几个假设。例如，它假设人们更喜欢多而不是少，而且不将自己的财富与他人进行比较。所以，资本资产定价模型有一些体面的道德假设：人们偏爱更多的财富，而且不相互攀比。财富是在绝对水平上衡量的，也就是说，人们的幸福感不会被其他投资者的财富所扭曲。所以，这个著名模型的假设行为并没有违反黄金伦理守则。

然而，正如你们在本书前几章已经看到的，资本资产定价模型并不能描述风险和回报之间的实际关系，描述的是一个似乎不存在的完美世界。因此，许多研究人员宣布这个模型已经死亡，其中包括一个早期的支持者。那么如果资本资产定价模型在实践中已经彻底失败了，为什么还要使用它？有趣的是，在世界各地的金融体系里，该模型仍然被作为标准课程的一部分。即使我在大学教书时，我也用了这个模型。[①] 因此，可以说这个模型还活着。但为什么呢？为什么包括我在内的人会使用已被宣布死亡的模型？

让我解释一下。是的，模型没有正确地描述现实“是”什么样的，资本资产定价模型没有描述世界如何运作。但它可以作为一个工具，让大家知道世界“应该是”怎么样的。“是”和“应该是”之间有一个重要，有时微妙的区别。虽然模型并没有描述大多数人的行为“是”什么样的，但它可以用来描述投资者“应该”怎么做。就算大多数投资者确实违反了黄金法则，并且与其他人进行攀比，那也不能说明这些行为是对的。这种不健康的比较是对风险—回报悖论的一种解释。我们已经看到，相对风险框架主导着金融行

① 资本资产定价模型也可以用来更好地了解投资悖论。可参见：Explanations for the volatility effect：an overview based on CAPM assumptions. David Blitz，Eric Falkenstein and Pim van Vliet，Journal of Portfolio Management 2013。

业，大多数投资者热衷于与其他人比来比去。集体的“恶行”可能导致一个基于健全原则的好模型的失效，但这并不意味着这个模型就是无用的。

我相信你们应该会使用资本资产定价模型，因为这个模型告诉你们哪个投资决定是正确的，哪个投资决定是错误的。这是一个很好的工具，它能帮助你们做出明智和理性的决定。例如，该模型对于比较内部不同投资项目的企业是有用的。当两个项目具有相同预期利润，所有的其他事项也相同时，低风险项目应优先于有较高风险的项目。另外，当选择合适的投资基金时，资本资产定价模型可以提供很好的帮助。如果一个共同基金在一段时间内显示高回报，那么应该自问，这种高回报是通过更高还是更低的风险取得的。最后，资本资产定价模型也可以帮助基金经理选择股票。如果两只股票支付相同的股息，并有相同的商业动力和增长幅度，那么，他们应该购买低风险股票而不是高风险股票。虽然根据资本资产定价模型，这样的股票不应该存在，但事实上它们的确存在。正如我们在本书中看到的那样，保守型股票让你们富有，而风险型股票让你们变得贫穷。

让我们用健康来打个比方。理论上，想要健康，每个人都应该每天至少锻炼 30 分钟，这是一个很好的健康模型。然而，实际上大多数人过于消极，运动量不够。虽然这个健康模型没有描述人们在现实中的行为方式，但这是否意味着理论是错误的，你们应该停止运动？答案是否定的，运动是指导人们如何生活的好方法。这个金融模型也是如此，它虽死，但却永在！

换句话说，这本书讲述的是那些并不总是按常理行事的人。我们只需要接受这个事实：股票市场是由人和他们的情绪以及爱比较的欲望所驱动。有趣的是，这个生活中的事实为那些能够控制自己“欲望”和“动物性”以及表现美德的人创造了机会。拿投资来说，投资者可以先从遵循古老的黄金法则做起，并停止攀比。通过这样做，古典智慧将帮助你们做出更好的投资决策，那么你们将能够通过低风险股票获得更高回报。相当矛盾，对吧？

孔子：“己所不欲，勿施于人。”

| 第 16 章 |

悖论无处不在

低风险股票的回报确实好于高风险股票——这是人们不愿面对的真相。之所以不愿面对，是因为这个事实的存在证明标准模型是错误的。尽管如此，高风险能带来高回报这个理论仍被普遍接受，并在几乎所有的金融模型和教科书里被作为基础假设。然而，更高的风险并不一定能带来更高的回报，我们是不是该和这个传统理论说再见了？

或许如此，但让我们先暂停一会儿，并对一切保持怀疑的态度。我们应当从不同的角度看待这个问题，并收集更多的证据。因为以历史数据为基础的波动率和贝塔等指标，或许并不是描述和衡量股市风险的最好方式。当我们使用其他更为基本的风险衡量指标时，这个投资悖论还会存在吗？我们可以看看财务杠杆。财务杠杆高的企业相比于股权融资，更依赖债权融资来支持其经营活动。因此，该企业的股权投资者就会面临更高的风险。证据就是高杠杆企业的股票回报率低于股市的平均回报水平。[1] 一般而言，从不同的维度来衡量，容易陷入财务困境（如违约）的公司，其股票回报也会更低。[2] 这些发现加强了投资悖论的稳定性，因为这个大家“不愿面对的真相”并不依靠风险的确切定义。

从美国股票长期稳定的研究证明中我们能得出结论：更高的风险并不能带来更高的回报。鉴于大部分对于风险和回报的学术研究都是基于美国股市，而全球股市的大部分交易所却在美国境外，我们应当思考一个问题：本书所说的悖论在国际股票市场也成立吗？结论是肯定的。罗伯特·豪根证实了低风险股票的回报在全球 33 个国家的股市上都能战胜高风险股票。[3] 大卫·布利茨和我也在欧洲、日本和新兴市场股市中找到了相关证据。除此以外，丰富的历史数据显示在比利时的股市中，低风险股票回报高于高风险股票的历史能追溯到 1873 年！[4]

我们也可以通过观察特定的股票群组来研究风险和回报的关系。举例而言，股票可以按不同的国家、行业，甚至某公募基金的风格来组群。就不同国家的股市而言，埃尔罗伊·迪姆森研究了 17 个国际股票市场 107 年的数据并得出了不少令人着迷的结论，其中一个

---

① 杠杆。The book-to-price effect in stock returns：accounting for leverage，Stephen Penman，Scott Richardson and Irem Tuna，Journal of Accounting Research 2007。

② 财务困境风险。In search of distress risk，John Campbell，Jens Hilscher and Jan Szilagyi，Journal of Finance，2008。

③ Within stock markets：Low risk stocks outperform within all observable markets of the world，Robert Haugen and Nardin Baker，SSRN abstract number 2055431.

④ 长远的历史。Cross-Sectional Predictability of Stock Returns，Evidence from the 19th Century Brussels Stock Exchange（1873—1914），Jan Annaert and Lord Mensah，Exploration in Economic History 2014。

就是高风险股票市场的回报并不比低风险市场更高。[1] 就不同行业的股市而言，我和罗纳德·都斯维克（Ronald Doeswijk）构建了一个全球不同行业的股票数据库并发现周期性行业公司（一般被认为“风险较高”）的股票回报并没有表现得比防守性行业公司（一般被认为“风险较低”）更好。[2] 尤普·惠（Joop Huij）研究了公募基金的风险和回报关系，他想知道投资低风险股票的公募基金的表现，是否优于不投资低风险股票的基金。你们可能并不会对结论感到惊讶：前者的表现的确更好。[3]

有趣的是，一旦人们开始发现某种事实，它就似乎变得无处不在。一开始我们并没有注意到这种事实，但我们一旦发现了它，便能在所有地方找到它的身影。举例而言，如果你们身边的某个朋友怀孕了，突然间你们便发现周围有很多孕妇。或者你们突然间发现了一辆很酷的新车，接下来你们便发现周围有很多人开这样的车。本书所言的投资悖论也是如此，一旦你们意识到它的存在，你们就会神奇地发现类似的例子无处不在。这时候，你们就会想为何之前没有意识到它们的存在。

我们可以着手寻找更多的证据。这个悖论在股票之外的资产类别中是否也成立呢？比方说，在债券、货币和商品投资市场是否也如此？这 3 个市场和股市一样都是主要的、数万亿美元级别的市场。

---

① Across stock markets：Equity premia across the world，Elroy Dimson，Research foundation of the CFA institute.

② 股票行业：Global tactical sector allocation：a quantitative approach，Ronald Doeswijk and Pim van Vliet，Journal of Portfolio Management 2011。

③ 共同基金：Academic knowledge dissemination in the mutual fund industry：Can mutual funds successfully adopt factor investing strategies? Eduard van Gelderen and Joop Huij，Journal of Portfolio Management 2014。

先看看债券市场。通常而言，债券市场的风险低于股票市场。道理是这样的：作为债券投资者，你们把钱借给一家公司（或某个国家），然后在债券到期前定期获得票息（coupon），并在债券到期时拿回本金。大部分情况下，债券的偿还期限或到期日越长，债券的票息就越高。同时，更长的债券到期期限也意味着投资者需要承担更高的风险，因为长期限债券对市场利率的上升更为敏感，因此，其投资者也要求更高的票息作为承受更高风险的补偿。

除了到期期限，信用水平也是债券和股票投资者要考虑的另一个风险维度。债券投资者所面临的最大风险就是债券发行人的违约风险，也就是无法拿回票息甚至本金的风险。为了帮助投资者更好地应对违约风险，像标准普尔（Standard & Poor's）和穆迪（Moody's）这样的评级机构会给出不同债券发行人不同的信用评分以区分债券的风险水平。"垃圾债"或者说高收益债券的平均风险水平就比"投资级债券"要高。然而，这些高风险债券的回报是否优于低风险债券呢？简短的回答是：并不会。尽管"垃圾债"的票息较高，但并不能弥补高违约率给投资者带来的损失。[①] 所以，当投资者踏上债券市场的风险阶梯时，承受更高的风险并不能带来更高的回报。我的同事帕特里克·豪威灵（Patrick Houweling）研究企业债市场已经约 20 年了，他自己也管理着数十亿美元投资于低风险企业债的基金。通过研究，他发现和股票市场一样，低风险债券拥有较好的风险回报比，而企业的收益和债券的动量也是保障回报的重要因子。[②] 所以，在投资企业

① Defaults and Returns on High-Yield bonds, Edward Altman and Gaurav Bana, Journal of Portfolio Management, 2004.

② 企业债券：Factor Investing in the Corporate Bond Market, Patrick Houweling and Jeroen van Zundert. SSRN abstract number 2516322, 2015。

债券时，也不要忽略我们的三数法则。

那么，我们的悖论在商品市场是否也成立呢？在这个巨大的市场中，大部分交易都是通过油、铜、黄金、小麦甚至五花肉等商品的未来价格作为投资标的的衍生品而展开的。不同商品的风险程度不同，例如，黄金等贵金属的价格比汽油等能源价格更为稳定，适合较保守的投资者投资。高风险商品的回报会优于低风险商品吗？虽然你们可能会觉得没有新意，但答案还是和之前一样：并不会。①

现在我们看看这个投资悖论在别的衍生品交易中是否成立，我们以期权为例。人类交易期权的历史已长达几个世纪，早在古希腊和中国古代，就有了期权交易的记录，现在我们仍能找到当时的期权交易合同文本。如今我们经常笑称期权是“穷人的股票”。当你们对于股票的涨跌有很多看法但没有足够的钱去买入股票时，可以通过交易期权来替代。② 而投资悖论在期权市场也同样成立：证据表明，在期权市场风险和回报是呈负相关的。③

彩票和期权有几个相似的地方，它们都有可能使投资者以很小的投入获得很高的回报。看看拉斯维加斯的金光大道和澳门的天际线，你们就能明白每年为什么有很多钱被花在赌博上了。除了娱乐，赌博还能让我们了解人类的行为特征以及人们偏好哪种风险。在购买彩票和赛马上，赌徒们普遍受到“冷门”偏好（‘long-shot’ bias）的影响，也就是赌徒们把过多的希望放在发生概率很小但赔率很高

---

① Strategic allocation to commodity factor premiums，David Blitz and Wilma de Groot，Journal of Alternative Investments，2014.

② 因为期权存在内嵌的杠杆，使投资者能用较少的保证金进行与股票头寸相同的交易。——译者注

③ Stock option returns：a puzzle. Sophie Ni，SSRN abstract number 1259703，2008.

的选项上。这种选项对于大部分人而言，都难以抗拒。斯诺伯格（Snowberg）和沃尔弗斯（Wolfers）研究了20多万场赛马的数据，并发现这些赛马赌注的平均回报率为-23%，而风险最高的赌注的平均回报率仅为-61%。[①] 因此，我们再一次在赛马中证实了“高风险并不等于高回报”。

这个悖论在别的市场中也非常明显。举例而言，在好莱坞电影市场中，风险并不能得到合理的回报。[②] 私募股权投资市场中，更为保守的“并购基金”的表现往往优于风险更高的风险资本投资。[③] 房地产投资也是风险非常高的投资，但这类投资在扣除维护成本后的收益通常比通货膨胀率还低。对这个话题感兴趣的读者可以参考埃里克·福根斯坦的书《遗失的风险溢价：为何低波动率投资能奏效》（*Missing Risk Premium：Why Low Volatility Investing Works*）。此书详细地讨论了上述及其他相关的几个话题。

证据无处不在，并不局限于某个特定的行业或市场。[④] 投资悖论在全球股市、债券市场、共同基金市场、商品市场和期权市场都存

---

① 赛马。Explaining the favorite long-shot bias：is it risk-love or misperceptions. Erik Snowberg and Justin Wolfers，NBER paper no. 15923，2010. 作者同时也测试了赌徒们之所以有这种偏好，是因为真的喜欢一次性赢一大笔钱的感觉，还是对此类事件发生的概率有着错误的认知，并发现对风险的错误认知更好地解释了这种行为。同时，这种行为也证实了累积前景理论（Cumulative Prospect Theory），并指出了预期效用理论（Expected Utility Theory）的错误。

② 电影。Hollywood economics：how extreme uncertainty shapes the film industry. Arthur De Vany 2004。

③ 私募股权。The performance of private equity funds. Ludovic Phalippou and Oliver Gottschalg，Review of Financial Studies，2009。

④ 股票、债券、货币及商品。Betting against beta. Andrea Frazzini and Lasse Pedersen，Journal of Financial Economics 2014。

在。在上述所有市场中，承担更高的风险并没有带来更多的收益。然而，我们不能受限于“证实偏见”[①]，因为前面这些证据都指向高风险总会带来低回报。是的，风险在这些单一市场中都没有得到回报。但是一旦横跨一些市场，如债券和股票市场，承受更多的市场风险是可以带来更高回报的。首先，长期来看，投资较为保守的，有良好信用评级的低风险短期债券，所获得的回报会比风险更低的其他投资方法更高，比方说把钱存在储蓄账户。其次，投资低风险保守型股票所获得的回报，也比投资债券或现金等风险更低的资产类别更高。所以，在几乎所有的市场中，风险都没有得到回报。然而，在债券和股票这两个资产类别中，风险却得到了适度的回报。[②]

我希望这些事实不会导致你们成为极度厌恶风险的投资者，这不是我的初衷。但要记住，何为黄金分割，真正的优点往往处于两个极端之间。风险并不在所有情况下都是不好的，但请注意，绝大多数情况下，承担风险都不会获得回报。请记住这条经验法则：避开任何看起来像彩票或承诺你们很高回报的事物。你们不管是在赛马还是在管理你们的投资组合，都不要把金钱押在极端情况上。让我们记住好消息，你们可以通过在债券和股票市场中承担一些有限的风险，来获得正回报并增加你们的财富。

---

① “证实偏见”指人们偏向于寻求、阐释、偏好和回忆能证实他们既有想法或假设的信息。参见维基百科：https：//en. wikipedia. org/wiki/Confirmation_bias。

② 债券溢价和股本溢价为正时表明，投资者在资产配置决策阶段（第一阶段）具有风险规避倾向，但在这些市场内部选择证券时会改变行为（第二阶段）。虽然许多投资者的行为是这样的，但资本资产定价模型并没有考虑这个因子。

| 第 17 章 |

悖论会一直存在吗

丹麦哲学家索伦·克尔恺郭尔曾经说过：只有向后看，我们才能理解生活，但只有向前走，我们才能过好日子。在这本书中，我们大部分时间都在向后看，以便更好地理解悖论，我们是否可以用它来构建投资策略？让我们暂时抛开历史，专注于未来。一个悖论投资者的未来是什么呢？如果每个人都开始购买保守型股票并躲避高风险股票会怎么样？投资悖论是否会消失？

是，这是可能，但不太现实。事实上，这个矛盾甚至会随着时间的推移变得更明显。虽然保守型股票的未来是未知的，但是我们可以尝试做一些预测。我们再一次强调投资悖论的存在，是由市场参与者的行为导致的。首先你们必须看到它，其次你们能够利用它，最后你们必须愿意从中获利。我们来看看这 3 个要求。

“看到它”

越来越多的关于投资悖论的研究出现和低波动率基金的数量日

益增多，都清楚地表明：越来越多的投资者正在注意这个悖论。这本书揭示了悖论的存在，如果很多投资者购买和阅读这本书，认识到悖论存在的投资者会更多。因此，仍然不知道这个悖论的投资者群体正在逐渐缩小。如果所有“看到”悖论的投资者也采取行动，这可能导致悖论逐渐消失，这很简单直接。现在来看看第 2 个要求。

“能够利用它”

在那些看到悖论的人中，没有多少人可以从中获益。要知道，直到 20 世纪 90 年代，大多数股票是由投资者直接拥有和管理的。然而，近几十年来，拥有股票的人和管理股票的人往往并不是同一个人。目前，股票大部分以养老基金或主权财富基金等集体投资的方式所存在。同时，更多的资金被投资在公募基金和 ETF 中。因此，专业投资经理现在掌管着股票市场中庞大且日益增长的部分。资产管理公司主要关注盈利。但为它们工作的基金经理更关心别的事情。请记住，第 7 章曾提到基金经理更关心自己的职业生涯。他们被雇用来冒风险，而不是降风险。这意味着能够从这个悖论中获利的市场只会越来越小。这是完全可以理解的，只要基金经理的投资表现持续优于参照基准，这个现象就将继续下去。从他们的职业角度来看，保守型股票将被继续视为“高风险”，需要规避，所以他们不会投资保守型股票，不论他们是否充分意识到投资悖论的存在。

你们可能会问，有没有什么方法可以改变这种情形。是，有些简单的方法可以改变现状。比如说，如果业绩基准被风险基准所取代，现状就可能发生改变。但这种改变会很快发生吗？至少现在看来，并没有迹象显示这在当下或者不远的将来会发生，主要是因为定义风险充满挑战性。投资者的短暂记忆也会帮倒忙。尽管在 2008

年金融危机发生后不久，大多数投资者开始变得对风险更敏感，但一旦市场好转并逐渐走强，他们对风险的恐惧就很快消退了。熊市带来的痛苦很快被遗忘，对风险的关注很快转化成对回报和业绩的追求。另外，我们也别忘了监管机构，它们对股价的影响越来越大。在它们的分析框架里，所有的股票都具有同样程度的风险，这是一个简单但十分危险的假设。这会更加激励专业投资者承担更多风险，且并不会因为买入高风险股票而受到惩罚。

日益严峻的监管趋势和专业投资者管理资金的盛行，将有助于悖论的持续存在。促使悖论继续存在的另一个更明显的因素是，对以市值为权重的指数投资日益增多。决定跟踪市场指数的投资者相当于主动选择不从投资悖论中获利。如果这种趋势持续，我们可以期待这个悖论今后会变得更加明显。

“愿意从中获利”

你们可能会看到它，你们可能可以利用它，但你们必须愿意这样做。许多投资者在希望和过度自信的推动下投资股市风险最高的地方。他们倾向于为“彩票型”股票支付过高的价格，因为他们认为这些股票可以使他们一夜暴富或为他们创造一个伟大的故事。请记住，我为福克股票冒险的故事——这种冒险行为往往以泪水结束。但是，我们并不能做什么来改变这种现状，因为我们追求风险的行为是完全可以理解的，是由深层的人类本能所驱动的。

不仅如此，你们还需要有一定的耐心、意愿和能力保证投资时间长达一个完整的周期。正如我之前在第 13 章中所解释的那样，耐心是许多人缺乏的美德：我们想要一切，并且我们现在就想要！我们倾向于在股市上过度活跃，以至于频繁交易。如果我们将这些人类行为放在一起来看，就有理由相信我们的特性和本能不会改变，而这将使投资悖论持续存在下去。这次我将引用黑格尔（Hegel）这位德国哲学家的话，他早就说过："历史给我们的教训是，人们从来都不知道汲取历史的教训。"

首先你们要看到悖论的存在，其次要能够利用它，最后还要愿意投资悖论。简而言之，这是我们开始投资低风险股票之前必须满足的3个条件。这也许就解释了为什么悖论在40年前就已经被发现，然而投资这些策略的资产规模仍然有限。即使未来悖论可能会变得越来越广为人知，我也有充分的理由相信悖论将会继续存在，甚至可能变得更为明显。

| 第 18 章 |

最后的沉思

17 世纪的哲学家布莱兹·帕斯卡（Blaise Pascal）曾说过：我希望把信写得更短一些，但我并没有这个时间。这是我非常喜欢的另一个悖论，也是这个悖论使我试图把这本书写得尽可能短，“内容尽可能简单，但并非过简”[①]。最后，我会以一些个人的想法和思考结果作为结束语。

除了以实证为基础的投资，另一件令我着迷的事是历史，特别是涵盖几个世纪文明的长期经济史。从这个角度来看，这本书提供的股票市场的实证历史相对较短，只能追溯到 20 世纪 20 年代。虽然这算是相当长的时期，但它只包含了有限的几个完整商业周期。有趣的是，世界上最古老的机构不是公司。旨在增加利润的公司平均寿命只有几十年，事实上，只有少数上市公司有上

① 这是爱因斯坦对科学假设的要求，足够简单，简单到不能再简单。——译者注

百年的历史。[①] 相比之下，旨在丰富知识的学术机构则普遍存在了几个世纪。博洛尼亚（Bologna）最古老的大学有900多年历史，柏拉图学院（Plato's Academy）也存在了好几个世纪。此外，一些机构的寿命更长。例如，几个东方教会已经存在了近两千年，亚里士多德和孔子的智慧甚至在2 500年后仍然激励着许多人。

追求利润的企业和寻求智慧的哲学有着不同的影响范围，而智慧的影响范围显然大于利润。根据《圣经》记载，所罗门王首先选择了智慧，而不是别的。因为他做出了正确的决定，也最终拥有了财富和权力。我相信他的排序和选择是正确的，因为我们需要智慧来正确地管理财富和权力。

那么，我是如何作为基金经理，管理别人的钱的呢？我又是如何平衡智慧和财富的呢？首先，因为我的客户相信我，我的工作才会存在。一个人需要信念做出决策，但需要智慧来做出正确的决策。我要确保我的客户觉得选择我们来管理他们的钱，是一个明智的决定。这里有几个理念有助于保护投资者的资金。

第一，基金管理需要团队的共同努力，而这有助于所有决策透明化并让决策在批评中改善。第二，我们的投资是基于公认的投资策略来进行的。我们采用基于实证的方法来找出适用于股票市场的投资方法，并将这些知识转化为谨慎和易于理解的投资策略。第三，

① 股票市场是一个相对现代的事物，第一次公开发行股票发生在1602年。荷兰东印度公司（East India Company）是世界上第一家在阿姆斯特丹证券交易所上市的公司。在现代化之前，被称为“税收官”（publicani）的上市公司，其股票在古罗马广场上交易。在非上市公司中，有些日本企业已经存在了1 000多年。金刚组（Kongo Gumi）成立于578年，于2006年不复存在。有趣的是，这家公司建造了佛教寺庙，为寻求智慧的人服务。

我们言行一致，我们自己的钱也投在我们说的地方。我们通过投资自己管理的资金来实践我们的理念。例如，我的大部分个人资产都投资于我自己管理的低波幅股票基金，以上百只股票来分散风险。第四，我们的基金是以多年的表现以及在风险调整的基础上来衡量的，这在资产管理行业并不常见。这些共同的理念形成了一种平衡，并使我每夜都能安然入睡。

除此之外，还有别的东西使我有一种明确的使命感。通过投资那些被其他投资者忽视，没有获得足够资本的低风险股票，市场可能会变得更有效率。我相信这一点很重要，因为事实证明，良好运作的股票市场对国民财富和健康至关重要。

我的工作使我在个人层面上找到了最深刻的目标感。在我的日常生活中，我通过追求高尚的生活来追求快乐。我相信爱是最重要的美德，甚至比前面提到的所有美德都更重要。在节奏飞快的金融世界中，不忘初心，保持虔诚并不时回首反省是很重要的。对我来说，只要坚持黄金法则，就会给我一种与他人相互依赖的幸福感，而这将是我余生的追求。

读完这些以后，你们又是怎么想的，亲爱的读者？你们发现了低风险股票能战胜高风险股票，你们也看到了有足够的证据来支撑这个投资悖论。一旦你们知道了这个事实，就会突然发现它无所不在。投资需要耐心，不能像兔子一样快速地狂奔。成功的最好办法是坚持三数法则。你们在选择股票或其他证券时，要考虑风险、收益和动量三个因子。

不仅如此，三数法则也可以指导个人投资者的投资。第一，你们要有连续几年投资保守型股票的经历，让克尔恺郭尔指引你们获得最大的胜利。第二，你们要运用黄金伦理守则，停止与其他人的表现进行比较。你们要拥有一些儒家的智慧，因为这可能会使你们更快乐和更富有。第三，你们要记住黄金分割，让亚里士多德指导你们承受最合适的风险，不多也不少。极端地厌恶风险的行为也不好，必须要有一部分投资者做好购买高风险股票的准备。但是，我建议任何人远离失败的荷兰飞机制造商的股票。

最后，我衷心希望这本书中分享的一些见解能帮助你们成为更睿智的投资者。我的父亲读了这本书并表示很荣幸成为第一个读者。他充分理解了我想要表达的意思并说他很喜欢我用的比喻和讲述的个人逸事。当我在家里说“波动率”一词时，我的孩子们的脸上会露出微笑并开始手舞足蹈。而我亲爱的太太打趣地说，书中我的照片看起来比现实生活中的我更加帅气。

希望这个关于风险和回报的故事能让你们沉思，更能让你们微笑。

平 · 范 · 弗利特

| 第 19 章 |

中国的“乌龟”跑赢了“兔子”

这该不会是你们在这本书所阅读的第一章吧？真的吗？难道你们如此没有耐心？哇，真如此的话，在本书第 3 章出现的兔子也许都会嫌你们太着急了！不过，我没有要冒犯大家的意思，我理解为何你们会如此着急。我明白你们很想知道我们在中国进行低风险投资的看法。但是，我真诚地相信，只有当你们从第一页开始阅读本书时，你们才会最了解、享受和受益于这个卓越的股市悖论。请相信我：如果你们从头开始阅读本书的话，你们将会对投资悖论有更深的理解，而这就是对你们耐心的奖赏。所以，“兔子们”，我想对你们说：“第 1 章见！”

对于有耐心地一章章看完本书的“乌龟们”，我有一些额外的东西送给你们：另一章。在音乐家的主要表演结束时，观众常常以法语喊“再来一次”或“再奏一曲”。为避免许多热情的中国读者向我索要更多的证据，我决定为你们呈现这个关于中国市场的“奖励”章节。作为对你们耐心的奖励，我会给你们展示一些“真正的烟花”。而且，正如所有人都知道的那样，在荷兰，你们能想象得到最好的烟花就来自中国！

在这本书中，我向你们展示了悖论在美国股市上的神奇力量。我们已经看到，近 90 年来，在低风险和高风险股票上的投资产生了什么样的结果。因为美国股市是世界上最大的股票市场，我们可以使用非常丰富优质的历史数据，所以自然会通过观察美国股票来研究“乌龟”是否能跑赢“兔子”。但这是否说明在测试悖论时，美国股市一定会被放在首位呢？

至少按照定义来说，并非如此。不要误会我，我是荷兰人，第一家股份公司就是 1602 年在阿姆斯特丹成立的，大约过了两个世纪，纽约才开始进行股票交易。但这里有另一个悖论：中华文明可追溯至数千年前，而美国和荷兰的历史只有几百年，但目前中国的 A 股市场却比欧美股市还要年轻许多。上海证券交易所和深圳证券交易所在 1990 年才成立。[①] 然而，中国交易所上市股票的总市值呈现惊人的增长态势。如今，中国 A 股股票的总市值已经比日本股市高出 30%，而后者直到最近仍是世界第二大股票市场。[②] 换句话说，中国这个股市太大了，以至于在组织“乌龟”和“兔子”的比赛时，无法忽视！

还有，从哲学角度来说，美国股市的经验大部分来自 20 世纪，而作为生活在 21 世纪的中国投资者，你们又应该如何看待这些证据及其意义呢？这两者之间的区别数不胜数。技术不一样，时代不一

① 1891 年，上海股票经纪公司成立，并在接下来的几十年中蓬勃发展，但于 1949 年被关闭。

② 截至 2017 年 1 月，中国股市总市值为 40 万亿元人民币，而日本股市的总市值则为 31 万亿元人民币。

样，人文不一样，投资者的类型更是截然不同！大部分美国股票被机构而不是个人投资者所拥有，而中国股票市场却恰好相反。没错，你们应该有各种各样的理由保持怀疑。谁知道呢？也许在 21 世纪，中国股票里的“兔子”可以轻松跑赢“乌龟”！不过坦率地讲，说起这两个动物朋友，我自己也非常好奇到底投资悖论会不会在不同时间和地点的中国股市里再现。在这个市场上，表现领先的保守型股票能够跑赢风险型股票吗？

所有这些问题只能在有数据时才能得到回答，才能计算股票的波动率、收益和动量。哦，当然了，一个能够以正确的方式进行这些计算的聪明头脑也是不可或缺的。

有幸的是，荷宝研究部有一位出生于中国的同事周维礼。你们可能认识她，因为她曾经和数以百万计的中国人沟通和交流过。没错，她曾是中国中央电视台的财经记者，她来到荷兰并在我母校学习了量化金融学，并在我之后加入了荷宝。凭借 10 多年的量化研究经验，她毫无疑问是在中国股市组织“兔子”与“乌龟”比赛的恰当人选，你们将在本章结尾“见到”她。

也许你们想知道我是不是不想组织这个比赛，亲自进行相关的运算。这本书接近尾声，是否我太累，所以要维礼接手？不，正好相反。让一个“全新”的大脑研究来自不同市场的新数据并独立进行分析有两个好处：首先，让他人来分析数据，可以降低我选择错误样本，进行错误运算并展示错误结果的可能性。毕竟 4 只眼睛看的东西要比 2 只多，这样的做法能增加你们对低风险投资方法投资结果的信任度。其次，用来自不同股票市场和不同时期的数据来测试我们的低风险投资方法能够增加结果的稳定性。想想看，如果我们的投资方法在 21 世纪的中国股市也适用的话，你们应该会更相信这个低风险投资方法的质量和适用性，并且相信此方法可运用于任何时期任何股票市场。现在让我们把注意力放回维礼和我们的两个朋友身上：“我们的量化女王”维礼会如何组织这次龟兔赛跑呢？

维礼会使用我在第 3 章使用的方法。首先，她把注意力放在中国 A 股市值排名前 1 000 只股票上，这样就排除了小盘股。然后，她根据 36 个月的历史波动率对这些股票进行分类。就像我对美国股票的处理方法一样，她把这些股票放到 10 个投资组合中。波动率最低的股票被放在 1 号投资组合中而波动率最高的股票被放在 10 号投资组合中。这个过程每个季度都会重复一次，因为一只低波动率股票可能会随时间流逝变成一只高波动率股票（反之亦然）。这样做能保证每只股票在不同时间点都能被放在正确的组合中。维礼的数据库涵盖 2001 年 1 月至 2016 年 12 月的数据。你们现在准备好观看真正的中国烟花了吗？

这烟花难道不令人印象深刻吗？非常棒，对吧？从图 19. 1 可以清晰地看出，股市投资悖论在中国非常明显！“更高风险应该等于更高回报”的高贵理论再次被证明是错误的。你们认为中国股市的风险和回报之间可能存在“正相关性”？那么这个说法只有一部分看起来是真实的。风险与回报之间的确存在一种关系，却是完全负相关。低风险的“乌龟”投资组合提供最高的回报，波动幅度最小。一旦你们的投资组合加大波动性，风险就开始增加，而回报几乎马上就会下降。如果你们问我的话，我会说这显然不是一个理想的结果！

不过，坏消息并不止于此。看看高于平均波动率的投资组合的回报就能意识到，承担风险并没有卓越回报作为奖励，这就像在

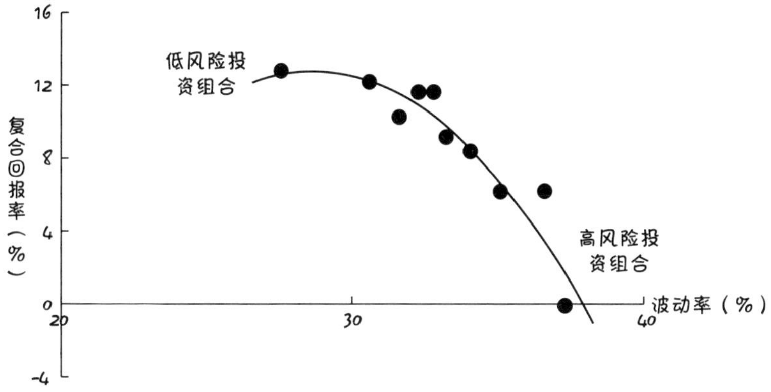

图 19.1　中国股市中的风险无法得到补偿

下大雨的时候，放昂贵的烟花一样。这样做并没有乐趣，因为你们会被淋湿，而雨中的烟花表演也并不怎么好看。最后我总结一下：高风险组合中可怜的“兔子”，它们承受了这么多的风险，但没有获得正回报。所以，如果你们想把钱投到中国股市最危险的部分，你们最好记住这场比赛的结果。它和彩票的相似性是惊人的：系统性地买入波动率最高为 10% 的中国股票类似购买了所有的彩票，你们也许偶尔中奖一次，但从长期来看，平均回报将会很差甚至是负的。

中国古代哲学家孔子看到根据波动率排序的投资组合的结果时，会怎么想呢？我猜睿智的他会轻摇他的脑袋，试着想清楚中国投资者身上的“经典美德”出了什么问题。这个悖论在中国市场上如此明显，可见，中国投资者与美国投资者没有不同。鉴于悖论在中国市场的强大力量，我们可以放心地假设中国投资者比美国投资者更愿意冒险，以找到下一个腾讯这样的高增长股票。如第 7 章所讨论的那样，中国投资者之间的“嫉妒”和“相互攀比”是不是比美国投资者更严重呢？还是说中国投资者以短期回报为导向，交易更加频繁？第 2 个想法似乎更可靠，因为尽管中国股市的交易成本较高，中国股票的换手率却是美国股票的两倍之多。难道中国投资者更加喜爱风险而不是厌恶风险？很多疑问，有的难以被解答。事实是，在中国股市的悖论和在美国股市的一样明显。不要忘记，这个样本期包含了中国股市相当多负回报的年份，例如 2001—2003 年、2008 年、2011 年和 2015 年。

准备好看更多的结果了吗？还记得我们的三数法则吗？除了根据波动率选择股票外，我们还应该考虑股票的收益和动量因子。我们接下来看看保守型股票投资策略是否也适用于中国股市。

为了调查我们保守型股票投资策略的适用性，维礼将遵循我在第 9 章使用的相同步骤。她在每次组合再平衡的时候都会关注波动率最低的 500 只股票。然后，对这 500 只股票的收益和过去 12 个月的动量进行评分，并将这些成绩归结为一个总体评分（1 ~ 500 分）。每个季度，这个综合排名的前 100 名股票将进入我们保守型投资组合，因为它们表现出低波动、高收益和正动量（价格呈增长趋势）的特征。而且她还建立了一个具有高波动、低（或无）收益和负动量（价格呈下降趋势）特征的“镜像”对比组合：高风险投资组合。那么，保守型股票投资在中国股市是否可行呢？

答案是肯定的！如图 19. 2 所示，在中国“乌龟”跑赢了“兔子”，就像在美国一样。假设你们在 2001 年 1 月 1 日开始在 100 只保守型中国股票中投资 1 000 元人民币，17 年后，你们的投资额将增加到 7 149 元。总回报率为 636%，而年复合回报率为 13. 1%，但请不要轻易相信我的话！是的，保守型股票的投资结果对于中国 A 股投资者而言，也非常有吸引力，但关注股票的风险、收益和动量

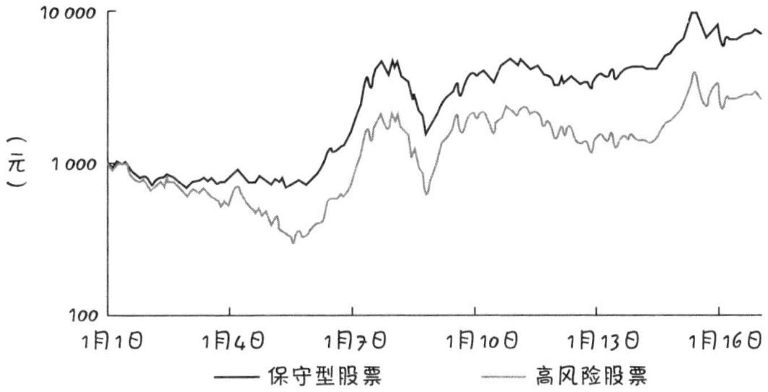

图 19.2　中国股市的“乌龟”同样跑赢了“兔子”

因子似乎也是至关重要的，不管是对中国还是美国的投资者而言。①

与此同时，我们在中国股票市场的高风险投资组合的回报甚至连保守型股票投资组合的回报一半都达不到，平均每年只上涨了 6.4%。现在仔细看看这两个投资组合前 5 年的表现：在波动较大的熊市，保守型投资组合累计损失了 18%，而高风险投资组合损失超过了 60%。在随后的中国股市复苏期间，两个投资组合的步伐一致，直到 2008 年和 2011 年市场再次出现较大波动时，保守型投资组合开始领先。这一点儿不奇怪，我经常说保守型投资组合通过“减少损失来赢得胜利”！

损失对于资本的长期增长是不利的。我在第 5 章中举的例子适用于任何货币，不论是美元还是中国的人民币。如果你们亏损了 50%，就需要增长 100% 来弥补这个亏损。因此，止损的重要性就不言而喻了。

① 在 2001—2016 年的美国股票市场，保守型股票的回报率每年比低波动率股票高 1%。在这个时期，两个市场的低波动率股票都表现得非常好，但如果考虑收益和动量的话，股票组合的表现更好。

在中国股市，以1年为限，投资者亏损的平均率是47%。虽然这个平均率比简单的投币游戏的输面要低一点儿，但仍然很高，可另一面：投资者的耐心会得到相应的回报。投资期限越长，赚钱的概率越大。如果你们的投资期为3年，那么亏损的概率就会下降到36%；如果是5年，就会下降到15%。真正的好消息是：保守型股票的亏损概率更低！如图19.3所示，在1年、3年和5年的投资期内，保守型股票投资组合的亏损概率分别从41%（1年）下降至27%（3年），再降到9%（5年）。

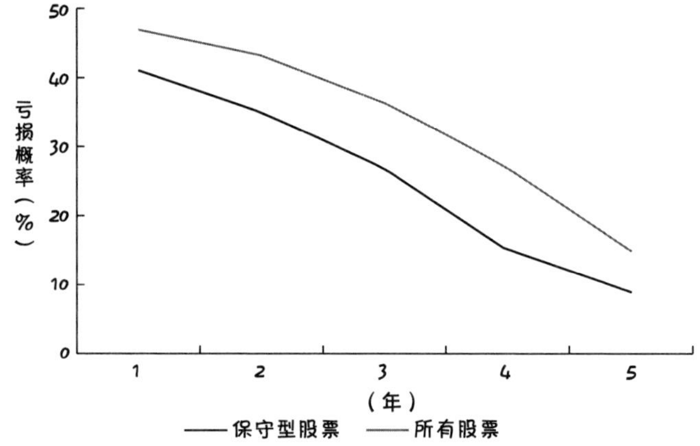

图19.3　中国股市的保守型投资组合使耐心得到回报

但是，我们不要因为保守型投资组合的亏损概率较低，能赚取13.1%的年复合回报率而得意忘形。虽然它的回报与美国保守型投资组合的回报（15.2%）差不多，但这并不意味着任何未来的保守型投资组合都能为你们带来完全相同的结果。我们必须踏踏实实，用16年的数据测试我们的投资方法。这是否意味着保守型组合的投资结果是因为运气而不是投资智慧？并非如此。让我给你们一颗定心丸：我们的投资结果在统计学上是具有显著水平的。①

有趣的是，学术界已经指出了将美国市场的学术发现应用于中国市场的研究方向。如锐联财智（Rayliant Global Advisors）的创始人许仲翔（Jason Hsu）撰写了一篇严谨的学术论文（他同时也是一位学者）。该研究表明，如果一个投资者在中国 A 股市场系统性地购买基本面相对于价格而言较好的股票，投资回报将相当可观。这个投资方法考虑的就是股票的收益因子。对于股票动量因子，他在 A 股市场发现的证据则喜忧参半。②

我知道，在阅读了关于中国 A 股投资悖论的“奖励”章节后，你们可能会很高兴。也许你们想自己在股市上搜索“乌龟”，或者想投资一个 ETF 或共同基金并让它们为你们选择这些股票。嗯，让我为你们在中国股市上保驾护航吧。在本书的相关网站上，我将列出一些帮助你们分析数据的网站。这样，你们就能更容易地找到低风险、高收益和正动量的股票了。③

此外，早在 2012 年，MSCI 推出了 MSCI 中国 A 股低波动（人民币）指数［MSCI China A MinVol（CNY）Index］。该指数选择低风险股票，但没有考虑股票收益或动量因子。不过，我很确定，鉴于当前中国共同基金市场的快速发展，对于正在寻找正确的主动管理型低波动基金的低风险投资者来说，将有很多选择！

---

① t 值为 2.6，这意味着结果只因为运气好的概率小于 1%。结合美国市场的高 t 值，这使保守型股票组合稳定和统计高度显著。

② Anomalies in Chinese A-shares，Jason Hsu et al，2017. Available on SSRN. com，abstract ID 2955144.

③ www. paradoxinvesting. com 网站提供了在线股票筛选器的概览，以及 ETF 和共同基金选择器网站的列表。

最后，让我介绍一下这位特别的同事维礼来结束本章。她不仅为荷宝量化投资方面的成功立下了汗马功劳，还是一位传播和发扬中国文化及中国优良传统的优秀大使，感谢维礼！

周维礼：“君子爱财，取之有道。审慎和耐心的投资态度也同样适用于中国股市。”

| 结语一 |

杨·德·科宁的看法

等一下，我不是刚刚读完一本叫平的荷兰基金经理写的关于风险和回报的书吗？那么杨·德·科宁（Jan de Koning）是谁，为什么要知道他的观点呢？

是的，你们刚刚阅读了平对风险和回报的看法，以及它们对投资和生活的影响。但说实话，当他告诉你们这个“低风险带来高回报”的悖论故事时，你们并不孤单。事实上，在你们看这本书的同时，我也在与你们一同阅读。虽然平很随和，但他有时可能有一点儿严肃和哲学导向。所以，我督促他以一种轻松的、有趣的和幽默的语调来传达严肃的信息，以便读者有耐心读完这本书，那我是谁呢？

我在少年时代便开始投资，用储蓄投资高风险股票。在 20 世纪 90 年代末，我是一个动量投资者，我发现一些股票的价格在短时间内可以轻松翻倍。结果，我发现自己常常看报纸，目的是找到处于 52 周回报高点的股票以及带有“. com”字眼的科技股。在想成为富有投资者的同时，我也发现了技术分析的“艺术”。随着我持有的资产价值迅速增长，我开始相信研究价格图表是我的致富之路。我读了几十本关于这方面的书，让自己在这个领域有了话语权。我甚至成了一个专业股评写手，常常在网上发表自己的文章。尽管取得了这样的成功，但大学毕业时，我就意识到，鉴于我股票账户的实际价值，比起当一个动量投资者，我更擅长写股评简报，这样似乎更有出路。我在股市上追求“兔子”的投资策略也严重影响了我作为投资者的幸福感：我变得不耐烦，交易频繁，并且总是害怕我会错过某只股票的报价或股评。现在是追求不同投资风格的时候了。

我通过阅读成功投资者的传记，继续追求投资之道。我很快发现，他们大多数人都有不同的投资理念：他们在选择价值股时关注收益。有了这些信息后，我再次逛了网上书店，并在几年后成了一名认证证券分析师。作为基金经理，我发现自己开始研究资产负债表，同时关注价格走势。采用价值投资法对我的投资行为有积极的影响，因为我必须有足够的耐心，我的投资策略才能奏效。

那时的我在乎风险吗？当然，就像其他人一样，我讨厌失去我投资的钱。但我仍然认为风险是投资成功的必要条件。我在大学学到了这一点，并观察到，在不同市场之间，风险都得到了回报。几年后，在管理养老基金和保险公司的投资时，我遇到了低风险投资的概念。我意识到客户可以从这种基于风险的投资方法中受益。尽管这种方式的投资结果很有吸引力，但我从未投资低风险策略，它也没有对作为一名投资者的我在行为上产生影响。鉴于我在动量投资和收益投资方面的经验，我也很怀疑这种投资风格是不是“灵丹妙药”。

几年前我加入荷宝时，终于把所有思绪都理清楚了。多年来，该公司已经成功地将有关动量、价值和低风险股票投资的学术成果应用于投资策略。当我加入团队时，我有了“顿悟”（eureka），因为我不仅看到了学术成果在实践中得到运用，而且见证了这些学术成果被运用到谨慎投资策略中的有效性。我意识到怀疑单一的投资方法（如动量或收益投资）是否能提供最佳解决方案是完全合理的。

因为没有单一的投资方法是最好的，是的，如果可能，最好避免高风险股票。收益和动量投资也取得了良好的效果。但是，如果你们有更开阔的视野且避免极端情况，而不是只专注于一个投资策略，你们可能会更快乐（且更富有）。尝试在每个策略中找出最好的结果，并将它们结合在一起。这就是为什么我是第9章所描述的保守型股票公式的“大粉丝”，它采取了低风险投资的最佳概念，并将其与收益、动量因子相结合，创造出一个优雅而成功的公式。

然而，给我带来最大喜悦的，并非保守型股票的三数法则或其产生的投资回报，有一些对我来说更重要的东西。一旦你们开始运用公式，你们不仅会更加敏感地意识到日常生活中的悖论，还会成为一个更加轻松的投资者。一旦你们意识到在投资组合中只需要适度的风险，并且保持长远的眼光，那么你们查看股票报价、等待新闻简报及进行交易的行为都会减少。该公式已经将一个以前只会抓“兔子”的猎人变成了一个更加成熟的、欣赏“乌龟”的投资者！

在我自己“顿悟”之后，我开始意识到，如果大家知道悖论的存在，它就可以帮助世界各地的许多投资者。我想帮助像我这样的投资者了解投资悖论，这样的话，他们也可以把它应用到自己的投资组合中，能帮助他们更明智地把钱投入更多“乌龟型”股票中。幸运的是，平拥有同样的愿景。由于他有为学术界的读者写作的丰富经验，而我则为你们和我这样的投资者写过很多东西，于是我们决定合作。

写这本书是一个让人愉快和满足的旅程，这一路上充满了平与我分享的智慧和想法。这也是一个非常个性化的体验，因为我们不得不相互说出我们最糟糕的投资错误和内心深处的感受。鉴于不同的背景，我们相互纠正了很多错误。平认为我添加了太多笑话和惊叹号，而我则不得不时时按下“删除键”，以确保我们不会因为这本书太无聊而在书中的某个地方让你们彻底摸不着头脑！我相信我们本着亚里士多德的精神已经在相互妥协的过程中，找到了我们之间的黄金分割点。我们两个的材料加起来足够写 3 本书，所以，一定的妥协是必要的。

是的，我希望这本书不仅能让你们微笑和好奇，还能为你们的投资组合提供价值。但是，在阅读了几十本投资书后，我可以诚实地说，古人的智慧、哲学思想和美德，比起任何新的投资书（包括这本书），更有可能帮助你们成为成功的投资者，而这是另一个悖论！

杨·德·科宁

结语二

现在你们都知道了，我们希望你们能够和愿意应用这个审慎的投资理念。我们很感激你们花时间“听”这个很棒的投资悖论故事。虽然接近本书的尾声，但低风险投资的故事还远远没有结束。

想一想：尽管事实证明低风险投资可以追溯到1873年，但投资者才刚刚开始将这一理念应用于其股票投资组合。和经过验证且被大量应用的价值投资方法等相比，低风险投资仍然处于起步阶段，而许多投资者仍然需要开阔他们的眼界。我们期望有越来越多的人意识到悖论的存在，也希望这一领域有新的研究成果出现，且有更多的投资产品采用此策略。我们可能在未来的某个时刻有一些新的想法和意见与大家分享。

悖论投资的故事将在www.paradoxinvesting.com这个网站继续讲述，该网站列出了不同股票和ETF筛选网站的概述。你们可以在网站上下载本书中出现的数据（Excel格式），还可以自己尝试着证明投资悖论的存在，欢迎尝试！

致 谢

我记得有一天杨跑过来和我说我们应该写一本关于低风险投资的书。我们都读过很多畅销的投资书，然而没有一本是关于低风险投资策略的。我们于是开始写作，一动笔就花了差不多1年的时间。在写作的路上，我们一起经历了许多。杨，非常感谢你的同行！我们的下一个目标是要将这些投资信息传达给中国的投资者。幸运的是，有两位人士给予了我们大力支持。首先，夏春博士帮助我们将英文手稿翻译成了中文，不胜感谢！其次，我们也要向“我们的量化女王”周维礼致谢。没有你，也不会有本书在中国的出版和发行，你们帮助我们铺就了一条贯通东西投资的“丝绸之路”。

约40人通过编辑手稿或提供有用反馈的方式支持我们，为本书做出了贡献。第一，我们要感谢尼克·范·弗利特（Niek van Vliet）、凯斯·德·科宁（Kees de Koning）、阿尔德特·侯伊尔（Aaldert Gooijer）、亚普杨·范·英格（Jaap-Jan van Ingen）、卡特莱·利马（Cateline Lima）和蒂姆·奥斯刚（Tim Oskam），你们的反馈，帮助我们确保这本书更容易接触更广泛的受众。第二，我们要感谢研究人员米兰·韦德耶维奇（Milan Vidojevic）、帕特里克·豪威灵、马蒂亚斯·汉诺威（Matthias Hanauer）、威尔玛·德·何鲁特（Wilma de Groot）和尤普·惠，你们支持了我们论据的学术投入，并帮助我们提供实证。特别感谢大卫·布利茨，他和我共同就这个问题写了许多学术论文。你的反馈意见使我们的故事也能吸引像你这样的专家。第三，我们要特别感谢市场营销人员冯安琪（Angela Fung）、王珏和陈愉（Kerry Chan），你们帮助我们以最有吸引力的方式呈现故事。第四，我们要由衷地感谢陆敏（Michael Lu）先生的大力支持，帮助我们在中国传播、推广投资悖论。另外，还有彼得·范·克雷夫（Peter van Kleef）、玛格丽特·斯密茨（Margret Smits）、约翰·范·德穆塞（John van der Moezel）和罗宾·范·德普（Robin van der Poel），你们让我们踏上正确的道路。第五，我们还要感谢基金经理杨西哲·穆塞拉（Jan-Sytze Mosselaar）、马丁·珀弗利特（Maarten Polfliet）、罗布·范·波姆（Rob van Bommel）、阿尔瑙·克莱普（Arnoud Klep）和客户经理贝纳德·布莱鲁（Bernhard Breloer）、汤姆·奈肯思（Tom Naaijkens）、卫凡克，你们向客户解释保守型股票基金背后的投资理念，对我们这本书的结构帮助很大。感谢大家给予的时间和有用的建议。

我们还要感谢庞娟（Juan Pang）、彼得·福凯特（Peter Ferket）、汉斯·拉德马可（Hans Rademaker）、海斯特·波利（Hester Borrie）、爱德温·里德凯克（Edwin Rietkerk）和阿莱特·范·迪茨豪森（Arlette van Ditshuize）对这个项目的支持，赫尔本·德·茨瓦特（Gerben de Zwart）、劳伦斯·斯文克斯（Laurens Swinkels）、雅思博·哈克（Jasper Haak），以及阿蒂诺·杨森（Artino Janssen）很早就相信投资悖论的存在并早在2005年就成立了一只保守型低波幅股票基金。感谢埃里克·福根斯坦和韩·斯密特（Han Smit）分享你们的写作和出版书的经验，感谢彼得拉·沙侯（Petra Sagel）、马克·范·德侯斯特（Marc van der Holst）、莎拉·哈蒙德（Sarah Hammond）和张盛盛在编辑过程中的帮助，感谢庞鹊对本书的大力支持，感谢中信出版社的相关编辑为本书在中国出版所做的努力和支持。最后，我们非常感谢容·奥夫曼（Ron Offerman）的美丽插图，它们以非常有吸引力的方式支撑着我们的故事。我们希望我们的写作水平能与你高超的插画水平相匹配。

参考文献

Altman, E. & Bana, G., (2004), Defaults and Returns on High-Yield Bonds, *Journal of Portfolio Management*, 30(2), 59 – 73.

Ang, A., Hodrick, R. J., Xing, Y., & Zhang, X., (2006), The Cross-Section of Volatility and Expected Returns, *Journal of Finance*, 61, February 2006, 259 – 299.

Annaert, J. & Mensah, L., (2014), Cross-sectional predictability of stock returns, evidence from the 19th century Brussels Stock Exchange (1873 – 1914), *Explorations in Economic History*, 52, 22 – 43.

Aristotle, Nicomachean Ethics, translated by J. A. K. Thomson, *Penguin Classics* 2003.

Baker, N., & Haugen, R. A., (2012), Low Risk Stocks Outperform within All Observable Markets of the World, *SSRN Working paper*, 2055431.

Barber, B. M., & Odean, T., (2001), Boys Will Be Boys: Gender, Overconfidence, and Common Stock investment, *Quarterly Journal of Economics*, 261 – 292.

Basu, S., (1977), Investment Performance of Common Stocks in Relation to Their Price-Earnings Ratios: A Test of the Efficient Market Hypothesis, *Journal of Finance*, 32(3), 663 – 82.

Bernstein, P., (1998), Against the Gods: The Remarkable Story of Risk, *Wiley publishers*.

Blitz, D., & Van Vliet, P., (2007), The Volatility Effect: Lower Risk Without Lower Return, *Journal of Portfolio Management*, Fall issue, 102 – 113.

Blitz, D., & Pang, J., Van Vliet, P., (2011), The Volatility Effect in Emerging Markets, *Emerging Markets Review*, 16, 31 – 45.

Blitz, D., Falkenstein, E. & Van Vliet, P., (2014), Explanations for the Volatility Effect: An Overview Based on the CAPM Assumptions, *Journal of Portfolio Management*, Spring 2014, 61 – 76.

Blitz, D. & De Groot, W., (2014), Strategic allocation to commodity factor premiums, *Journal of Alternative Investments*.

Bunyan, J., (1678), The Pilgrim's Progress from this world to which has to become, *Dover publications* 2003.

Campbell, J., Hilscher, J., & Szilagyi, J., (2008), In Search of Distress Risk, *Journal of Finance*, 63(6), 2899 – 2939.

Cremers, M., & Pareek, A., (2016), Patient Capital Outperformance: The Investment Skill of High Active Share Managers Who Trade Infrequently, *to appear in Journal of Financial Economics*.

Dimson, E., Marsh, P., & Staunton, M., (2002), Triumph of the Optimists: 101 Years of Global Investment Returns, *Princeton University Press*.

Dimson, E., Marsh, P., & Staunton, M., (2011), Equity Premiums around the World, *Research Foundation Publications*, 2011(4).

Doeswijk, R. & Van Vliet, P., (2011), Global Tactical Asset Allocation: A Quantitative Approach, *Journal of Portfolio Management*, 38(1), 29–47.

Falkenstein, E., (2009), Finding Alpha: The Search for Alpha When Risk and Return Break Down, *Wiley publishers*.

Falkenstein, E., (2012), The Missing Risk Premium: Why Low Volatility Investing Works, *CreateSpace Independent Publishing Platform*.

Frazzini, A., & H. Pedersen, L., (2014), Betting against Beta, *Journal of Financial Economics*, 111(1), 125.

French, K., (2008), The Cost of Active Investing, *Journal of Finance*, 63, 1537–1573.

Fama, E. F., & French, K. R., (1996), The CAPM is Wanted, Dead or Alive, *The Journal of Finance*, 51(5), 1947–1958.

Gelderen, E., & Huij, J., (2014), Academic Knowledge Dissemination in the Mutual Fund Industry: Can Mutual Funds Successfully Adopt Factor Investing Strategies?, *Journal of Portfolio Management*, 40(4), 157–167.

Goetzmann, W., & Huang, S., (2015), Momentum in Imperial Russia, *SSRN working paper*, 2663482.

Haugen, R., (2001), The Inefficient Stock Market: What Pays Off and Why, *Pearson*.

Houweling, P., & van Zundert, J., (2015), Factor Investing in the Corporate Bond Market, *SSRN working paper*, 2516322.

Jegadeesh, N., & Titman, S., (1993), Returns to Buying Winners and Selling Losers: Implications for Stock Market Efficiency, *Journal of Finance*, 48(1), 65–91.

Kahneman, D., (2011), Thinking, Fast and Slow, *Farrar, Straus and*

Giroux publishers.

Karceski, J., (2002), Returns-Chasing Behavior, Mutual Funds, and Beta's Death, *Journal of Financial and Quantitative Analysis*, 37(4).

Kumar, A., (2009), Who Gambles in the Stock Market?, *Journal of Finance*, 64(4), 1889 - 1933.

Lynch, P., (2000), One Up On Wall Street: How To Use What You Already Know To Make Money In The Market, *Simon & Schuster.*

Markowitz, H., (1952), Portfolio Selection, *Journal of Finance*, 7(1), 77 - 91.

Montier, J., (2010), The Little Book of Behavioral Investing: How not to be your own worst enemy, *Wiley publishing.*

Ni, S., (2008), Stock Options Returns: A Puzzle, *SSRN working paper*, 959024.

Penman, S., Richardson, S., Tuna, I., (2007), The Book-to-Price Effect in Stock Returns: Accounting for Leverage, *Journal of Accounting Research*, 45(2), 427 - 467.

Phalippou, L. & Gottschalg, O., (2009), The Performance of Private Equity Funds, *Review of Financial Studies*, 22(4), 1747 - 1776.

Sedlacedk, T., (2013), Economics of Good and Evil: The Quest for Economic Meaning from Gilgamesh to Wall Street, *Oxford University Press.*

Snowberg, E. & Wolfers, J., (2010), Explaining the favorite longshot bias: Is it risk-love or misperceptions?, *National Bureau of Economic Research*, Working paper no. 15923.

Smith, A., (1759), The Theory of Moral Sentiments, *Penguin publishers* 2010.

Svenson, O., (1981), Are We All Less Risky and More Skillful Than Our Fellow Drivers?, *Acta Psychologica*, 47(2), 143-148.

Taleb, N., (2007), The Black Swan: The Impact of the Highly Improbable, *Random House publishers*.

Van Vliet, P., (2004), Downside Risk and Empirical Asset Pricing, PhD thesis Erasmus University Rotterdam.